- Deset ran -

Život v
Neposlušnosti
a
Život v
Poslušnosti

Dr. Jaerock Lee

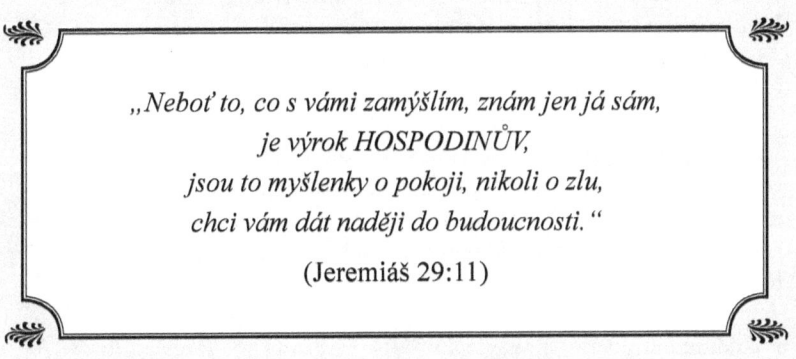

*„Neboť to, co s vámi zamýšlím, znám jen já sám,
je výrok HOSPODINŮV,
jsou to myšlenky o pokoji, nikoli o zlu,
chci vám dát naději do budoucnosti."*

(Jeremiáš 29:11)

Život v Neposlušnosti a Život v Poslušnosti: Dr. Jaerock Lee
Vydavatelství Urim Books (Zástupce: Sungnam Vin)
73, Yeouidaebang-ro 22-gil, Dongjak-gu, Seoul Korea
www.urimbooks.com

Všechna práva vyhrazena. Tato kniha ani žádná její část se bez předchozího písemného povolení vydavatele nesmí žádným způsobem množit, ukládat do vyhledávacího systému nebo jakoukoliv formou či jakýmkoliv způsobem rozšiřovat, ať už elektronicky, mechanicky, fotokopírováním, nahráváním nebo jinak.

Pokud není uvedeno jinak, všechny citace z Písma pocházejí z Bible svaté, ČESKÉHO EKUMENICKÉHO PŘEKLADU, ®, Copyright © 1995 vydaného Českou biblickou společností. Použito s povolením.

Copyright © 2020 Dr. Jaerock Lee
ISBN: 979-11-263-0554-4 03230
Copyright překladu © 2012 Dr. Esther K. Chung. Použito s povolením.

Předtím vydáno v roce 2007 v korejštině vydavatelstvím Urim Books

První vydání březen 2020

Úpravy: Dr. Geumsun Vin
Vnější úprava: Vydavatelství Urim Books
Tisk: Tiskařství Prione
Více informací získáte na: urimbook@hotmail.com

Úvod

Občanská válka v USA dosáhla svého vrcholu 30. dubna 1863, když 16. prezident, Abraham Lincoln, vyhlásil tento den jako den postních modliteb.

„Dnešní strašlivé katastrofy mohou být trestem za hříchy našich otců. Byli jsme příliš hrdi na náš úspěch a bohatství. Byli jsme tak hrdi, až jsme zapomněli modlit se k Bohu, který nás stvořil. Musíme vyznat hříchy svého národa a pokorně prosit o Boží slitování a milost. To je povinnost občanů Spojených států amerických."

Jak velký vůdce řekl, mnoho Američanů celý den nejedlo a modlilo se.

Lincoln se pokorně modlil k Bohu a zabránil rozpadu Spojených států amerických. Ve skutečnosti můžeme všechny odpovědi na problémy nalézt u Boha.

Spousta kazatelů v průběhu staletí hlásala evangelium, avšak mnoho lidí neposlouchalo Boží slovo s tím, že raději budou věřit v sebe.

Dnes se po celém světě setkáváme s neobvyklými změnami teplot a přírodními katastrofami. A i přes nové objevy v medicíně se setkáváme s novými a na léčbu rezistentními nemocemi, které jsou stále nakažlivější.

Lidé mohou mít důvěru v sebe. Lidé se mohou vzdálit od Boha, ale když se podíváme do jejich životů, hned nás napadnou slova jako úzkost, bolest, chudoba a nemoc.

Člověk může v jednom dni ztratit své zdraví. Někteří lidé ztratí kvůli nehodám drahé členy své rodiny nebo celý svůj majetek. Jiní se potýkají s mnohými obtížemi v podnikání a v práci.

Všichni by mohli křičet: „Proč se ty věci dějí právě mně?" Ale neví, jak z toho ven. Spousta věřících trpí ve zkouškách a neví, jak z toho ven.

Všechno má ale své důvody. I všechny problémy a těžkosti

mají svůj důvod.

Deset ran, které dopadly na Egypt a pravidla hodu beránka, zaznamenané v knize Exodus, nám dávají návod k řešení všemožných problémů, kterým lidstvo na zemi denně čelí.

Egyptem je duchovně myšlen celý svět a poučení z deseti egyptských ran se dodnes vztahuje na všechny lidi na zeměkouli. Ale ne všichni lidé v deseti ranách rozpoznali Boží vůli.

Protože Bible neříká, že se jedná o 'Deset ran', někteří lidé tvrdí, že ran bylo jedenáct či dvanáct.

Dřívější názory zahrnují případ, kdy se Áronova hůl změnila v hada. Spatřit hada však neznamenalo žádnou újmu, takže je obtížné považovat to za jednu z ran.

Ale protože had v přírodě má velmi silný jed, kterým může zabít člověka na jedno kousnutí, někdo se může cítit velmi ohrožen pouze tím, že hada uvidí. Proto to někteří lidé považují za jednu z ran.

Pozdější názory mezi rány počítají incident proměny hole v hada a smrt egyptských vojáků v Rudém moři. Protože Izraelci v té době ještě nepřešli Rudé moře, zahrnují do ran i tento incident a říkají, že ran bylo dvanáct. Důležitý však není počet ran, ale jejich duchovní význam a Boží prozíravost, která je v nich obsažena.

V této knize je v kontrastu vykreslen život faraóna, který neposlouchal Boží slovo a život Mojžíše, který vedl život v poslušnosti. Ukazuje také Boží lásku, která nám spolu s neomezeným Božím slitováním pomáhá poznat cestu spasení skrze slavení hodu beránka, zákon obřízky a významu Svátku nekvašených chlebů.

Faraón se stal svědkem Boží moci, ale stále Boha odmítal a dostal se až do bodu, odkud nebylo návratu. Izraelci však byli v bezpečí před všemi pohromami, protože byli poslušní.

Bůh nám zjevil deset ran proto, abychom si uvědomili, proč na nás přicházejí zkoušky a abychom pak mohli zdárně řešit všechny problémy ve svém životě a vedli svůj život bez jakýchkoli pohrom.

Navíc tím, že nám Bůh řekl o požehnání, které čeká na ty, kdo ho poslouchají, touží po tom, abychom získali nebeské království jako jeho děti.

    Lidé, kteří si přečtou tuto knihu, budou schopni najít klíč k řešení životních problémů. Budou cítit nasycení ducha, jako když okusí sladký déšť po dlouhém suchu a budou vedeni na cestu odpovědí a požehnání.

    Chci poděkovat Geumsun Vin, ředitelce vydavatelství, a všem lidem, kteří umožnili vydání této publikace. Modlím se ve jménu Pána Ježíše Krista, aby všichni čtenáři vedli život v poslušnosti tak, aby mohli obdržet úžasnou Boží lásku a požehnání.

Červenec 2007

Jaerock Lee

Obsah

Úvod

O životě v neposlušnosti · 1

1. kapitola
Rány zasazené Egyptu · 3

2. kapitola
Život v neposlušnosti a rány · 17

3. kapitola
Krev, žáby a komáři · 27

4. kapitola
Mouchy, mor a vředy · 43

5. kapitola
Krupobití a kobylky · 57

6. kapitola
Temnota a smrt prvorozených · 69

O životu poslušnosti · 81

7. kapitola
Hod beránka a cesta spasení · **83**

8. kapitola
Obřízka a večeře Páně · **97**

9. kapitola
Exodus a svátek nekvašených chlebů · **113**

10. kapitola
Život v poslušnosti a požehnání · **125**

O životě v
neposlušnosti

Jestliže však nebudeš,
Hospodina, svého Boha,
poslouchat a nebudeš bedlivě dodržovat všechny jeho příkazy
a nařízení, která ti dnes udílím,
dopadnou na tebe všechna
tato zlořečení:
„Prokletý budeš ve městě
a prokletý budeš na poli.
Prokletý bude tvůj koš i tvá díže.
Prokletý bude plod tvého života
i plodiny tvé role,
vrh tvého skotu i přírůstek tvého bravu.
Prokletý budeš při svém vcházení
a prokletý při svém vycházení"
(Deuteronomium 28:15-19).

1. kapitola

Rány zasazené Egyptu

Exodus 7:1-7

Hospodin řekl Mojžíšovi: „Pohleď, ustanovil jsem tě, abys byl pro faraóna Bohem, a Áron, tvůj bratr, bude tvým prorokem. Ty mu povíš všechno, co ti přikážu, a Áron, tvůj bratr, bude mluvit s faraónem, aby propustil Izraelce ze své země. Já však zatvrdím faraónovo srdce a učiním v egyptské zemi mnoho svých znamení a zázraků. Farao vás neposlechne, ale já vložím na Egypt svou ruku. Vyvedu zástupy svého lidu, syny Izraele, z egyptské země, ale ji postihnu velkými soudy. Egypťané poznají, že já jsem Hospodin, až vztáhnu svou ruku na Egypt a vyvedu Izraelce z jejich středu." Mojžíš a Áron učinili přesně tak, jak jim Hospodin přikázal. Mojžíšovi bylo osmdesát let a Áronovi osmdesát tři léta, když mluvili s faraónem.

Každý má právo být šťastný, ale ne všichni lidé se ve skutečnosti cítí šťastni. Zejména v dnešním světě, který je plný různých nehod, nemocí a zločinů, je nemožné zaručit něčí štěstí.

Je zde ale někdo, kdo chce více než kdokoli jiný, abychom zakusili štěstí. Je to náš Otec Bůh, který nás stvořil. V srdci většiny rodičů existuje bezpodmínečná touha dát svým dětem vše, aby byly šťastné. Náš Bůh nás miluje mnohem více, než kterýkoli jiný rodič a chce nám dát větší požehnání přesahující jakoukoli rodičovskou touhu.

Jak by tento Bůh mohl chtít, aby jeho děti trpěly v mukách nebo zakoušely pohromy? Nic by nemohlo být vzdálenější od Boží touhy po nás.

Jestliže jsme schopni rozpoznat duchovní význam a Boží prozíravost obsaženou v deseti ranách, kterým byl vystaven Egypt, můžeme pochopit, že to také byla Boží láska. Dále můžeme najít způsob, jak se vyhnout katastrofám. Ale i tváří v tvář pohromě můžeme najít a objevit cestu ven a pokračovat v cestě směrem k požehnání.

Spousta lidí, když čelí obtížím, v Boha nevěří, ale stále si na něj stěžuje. I mezi věřícími jsou tací, kteří nechápou Boží srdce, když sami čelí utrpení. Pouze ztratí své srdce a upadnou do beznaděje.

Jób byl nejbohatším mužem na Východě. Ale když na něj přišly pohromy, nejdříve nerozuměl Boží vůli. Tvrdil, že to, co stalo jemu, se mu stalo náhodou. Je to vyjádřeno v knize Jób, ve verši 2:10.

Řekl, že protože se mu od Boha dostávalo požehnání, mohl od něj stejně tak obdržet i neštěstí. Nechápal však, že Bůh dává lidem požehnání a uvaluje na ně pohromy bez příčiny nebo důvodu.

Boží srdce pro nás není nikdy pohromou, ale pokojem. Dříve, než se dostaneme k deseti egyptským ranám, pojďme se zamyslet nad tehdejší situací a podmínkami.

Počátky izraelského národa

Izrael je vyvolený Boží lid. V jejich historii můžeme velmi snadno nalézt Boží prozíravost a Boží vůli. Izrael bylo jméno Jákoba, vnuka Abrahama. Izrael znamená *„zápasil jsi s Bohem i s lidmi a obstáls"* (Genesis 32:29).

Izák se narodil Abrahamovi a měl dva syny – dvojčata. Jmenovali se Ezau a Jákob. Bylo neobvyklé, že se druhorozený syn Jákob při jejich narození držel svého bratra Ezaua za patu. Jákob chtěl využít práva prvorozeného namísto svého staršího bratra Ezaua.

Proto Jákob později od Ezaua koupil prvorozenectví za chléb čočku. Oklamal také svého otce Izáka, aby mu udělil požehnání jako prvorozenému namísto Ezaua.

Myšlení lidí se od té doby hodně změnilo a lidé dnes neodkazují dědictví jen svým synům, ale i dcerám. V minulosti obvykle získávali prvorození synové od svých otců veškeré dědictví. Také v Izraeli bylo toto požehnání pro prvorozeného syna velké.

Bible nám říká, že Jákob dosáhl požehnání nečestným způsobem, ale on po Božím požehnání opravdu toužil. Než však skutečně obdržel požehnání, musel projít mnoha obtížemi. Musel uprchnout před svým bratrem. Dvacet let sloužil svému strýci Lábanovi a během své služby jím byl opakovaně klamán a podváděn.

Když se Jákob vrátil domů, stále se nacházel v situaci ohrožující jeho život, protože jeho bratr se na něj stále zlobil. Jákob si těmito obtížemi musel projít, protože měl lstivou povahu usilující o vlastní prospěch či zisk.

Protože se však Boha bál více než ostatních lidí, během těchto zkoušek zničil své ego a své ‚já.' A tak nakonec obdržel Boží požehnání a skrze jeho dvanáct synů byl vytvořen národ Izrael.

Pozadí Exodu a vystoupení Mojžíše

Proč žili Izraelci jako otroci v Egyptě?

Jákob, otec Izraele, zvýhodňoval svého jedenáctého syna Josefa. Josefa porodila Ráchel, žena, kterou Jákob miloval nejvíce. To spustilo závist Josefových nevlastních bratrů, kteří ho nakonec prodali jako otroka do Egypta.

Josef se bál Boha a jednal poctivě. Ve všem chodil s Bohem a pouhých třináct let poté, co byl prodán do Egypta, se stal vládcem celého Egypta hned po králi.

Na Blízkém východě nastalo kruté sucho a Jákob s rodinou se pod přízní Josefa přestěhovali do Egypta. Protože Egypt byl před tímto krutým suchem zachráněn Josefovou moudrostí, faraón a Egypťané s jeho rodinou velmi dobře zacházeli a dali jim celou zem Gošen.

Uplynulo mnoho generací a počet Izraelců převýšil počet Egypťanů. Egypťané se cítili ohroženi. Jelikož od smrti Josefa uběhly stovky let, zapomněli již na jeho milosrdenství.

Egypťané nakonec začali Izraelce perzekuovat a udělali z nich otroky. Izraelci byli nuceni dělat těžkou práci.

Kromě toho faraón nařídil židovským porodním bábám zabíjet všechny novorozené chlapce, aby zastavil rostoucí počet Izraelců.

V této temné době se narodil Mojžíš, vůdce Exodu.

Jeho matka viděla, že je nádherný a tři měsíce jej ukrývala. Když už ho nemohla déle skrývat, vložila jej do proutěného koše a ukryla do rákosí na březích Nilu.

Ve stejnou dobu se do Nilu přišla vykoupat egyptská princezna. Uviděla košík a zatoužila vzít si dítě a starat se o něj. Mojžíšova sestra pozorovala, co se děje a rychle doporučila Jochebed, skutečnou Mojžíšovu matku, jako jeho chůvu. Tak byl Mojžíš vychováván svou vlastní matkou.

Přirozeně se dozvěděl o Bohu Abrahama, Izáka a Jákoba a o Izraelcích.

Jak Mojžíš vyrůstal ve faraónově paláci, získával různé dovednosti, které jej připravily a vybavily jako vůdce. Ve stejné době se srozumitelně dovídal o svém lidu a o Bohu. Jeho láska k Bohu a jeho lidu stále rostla.

Bůh si vybral Mojžíše jako vůdce Exodu a ten se již od narození učil a cvičil ve vůdcovství a řízení.

Mojžíš a faraón

Jednoho dne nastal v Mojžíšově životě obrat. Vždy se staral o svůj lid, Hebreje, a cítil úzkost za jejich otrockou dřinu a utrpení. Jednou uviděl Egypťana, jak bije Hebrejce. Nedokázal udržet svůj hněv a Egypťana zabil. Faraón se o tom nakonec doslechl a Mojžíš před ním musel uprchnout.

Mojžíš strávil dalších čtyřicet let jako pastýř starající se o ovce v midjánské poušti. Všechno to byla prozíravost Boha, který jej připravil jako vůdce Exodu. Během 40 let pasení ovcí svého tchána v pustině naprosto zapomněl na důstojnost egyptského prince a stal se velmi pokorným mužem.

Až po tom všem Bůh povolal Mojžíše jako vůdce Exodu.

Ale Mojžíš Bohu namítal: „Kdo jsem já, abych šel k faraónovi a vyvedl Izraelce z Egypta?" (Exodus 3:11).

Protože Mojžíš čtyřicet let jen pásl stádo ovcí, nevěřil si. Bůh ale znal jeho srdce a ukázal mu mnoho znamení jako proměnu hole v hada, aby ho přiměl vyrazit za faraónem a doručit mu Boží příkaz.

Mojžíš byl velmi pokorný muž a byl schopen Boží příkaz poslechnout. Ale faraón byl, na rozdíl od Mojžíše, velmi tvrdohlavým člověkem se zatvrzelým srdcem.

Muž se zatvrzelým srdcem se nezmění ani poté, co se stane svědkem Božího díla. Ve velmi známém podobenství, které Ježíš vypráví v Matoušovi 13:18-23, se řadí tvrdé srdce mezi čtyřmi druhy půd do kategorie ‚podél cesty.' Okraj cesty je velmi tvrdý, protože po něm lidé chodí. Lidé s tímto srdcem se vůbec nezmění ani poté, co se stanou svědky Božího díla.

Egypťané byli v té době velmi silní a stateční jako lvi. Jejich vládce faraón měl absolutní moc a považoval se za boha. Lidé mu sloužili, jako kdyby byl bůh.

Mojžíš mluvil o Bohu s lidmi, kteří měli toto kulturní chápání. Nevěděli nic o Bohu, o němž Mojžíš mluvil a který faraónovi přikázal propustit Izraelce. Evidentně jim dělalo obtíže Mojžíše poslouchat.

Užívali si ohromného prospěchu, který jim poskytovala práce Izraelců, o to těžší pro ně bylo přijmout Mojžíšova slova.

Také dnes existují lidé, kteří za nejlepší považují pouze své vědomosti, slávu, postavení nebo zdraví. Usilují jen o svůj vlastní prospěch a věří pouze svým schopnostem. Jsou arogantní a jejich srdce jsou zatvrzelá.

Srdce faraóna a Egypťanů byla zatvrzelá. Takže se neřídili Boží vůlí, jak jim vzkazoval Mojžíš. Neposlouchali až do konce a nakonec zemřeli.

Samozřejmě, že Bůh nedopustil velké rány od začátku, i když faraónovo srdce bylo zatvrzelé. Jak je řečeno: *"Hospodin je milostivý, plný slitování, shovívavý a nesmírně milosrdný"* (Žalmy 145:8), Bůh jim skrze Mojžíše mnohokrát ukázal svou moc. Bůh chtěl, aby ho poznali a poslechli. Ale faraón zatvrdil své srdce ještě více.

Bůh, který vidí do srdce a mysli každého člověka, promluvil k Mojžíšovi a nechal ho poznat všechny své plány.

"Já však zatvrdím faraónovo srdce a učiním v egyptské zemi mnoho svých znamení a zázraků. Farao vás neposlechne, ale já vložím na Egypt svou ruku. Vyvedu zástupy svého lidu, syny Izraele, z egyptské země, ale ji postihnu velkými soudy. Egypťané poznají, že já jsem Hospodin, až vztáhnu svou ruku na Egypt a vyvedu Izraelce z jejich středu" (Exodus 7:3-5).

Faraónovo zatvrzelé srdce a deset ran

V průběhu celého Exodu můžeme mnohokrát najít výraz: *"Hospodin zatvrdil faraónovo srdce"* (Exodus 7:3).

Skutečně se zdá, jako by Bůh zatvrdil faraónovo srdce úmyslně a někdo by si mohl myslet, že Bůh je něco jako diktátor. Ale tak tomu není.

Bůh chce, aby všichni lidé došli spásy (1 Timoteovi 2:4). Chce, aby i ten, kdo má nejzatvrzelejší srdce, poznal pravdu a dosáhl spásy.

Bůh je Bohem lásky. Nikdy by nezatvrdil faraónovo srdce úmyslně, aby zjevil svou vlastní slávu. Také na základě toho, že Bůh opakovaně posílal Mojžíše k faraónovi, můžeme vidět, že Bůh chce, aby faraón a všichni ostatní změnili svá srdce a poslouchali ho.

Bůh dělá vše správně, s láskou a spravedlností a vždy následuje Boží slovo.

Pokud se dopouštíme zla a neposloucháme Boží slovo, nepřítel ďábel nás obviní. Proto čelíme zkouškám. Ti, kdo poslouchají Boží slovo a žijí ve spravedlnosti, obdrží požehnání.

Lidé si volí své skutky podle své vlastní svobodné vůle. Bůh neurčuje, kdo dostane požehnání a kdo ne. Kdyby Bůh nebyl Bohem lásky a spravedlnosti, mohl by na Egypt uvalit velké rány již na počátku, aby se mu faraón podřídil.

Bůh si nechce ‚vynucovat poslušnosť na základě strachu. Chce, aby lidé otevřeli svá srdce a poslouchali ho ze své svobodné vůle.

Nejprve chce, abychom znali jeho vůli, a ukazuje nám svou moc, abychom ho měli možnost poslechnout. Ale když nejsme poslušní, začne s menšími pohromami, abychom si to mohli uvědomit, a způsobuje, abychom na to přišli sami.

Mocný Bůh zná srdce člověka; ví, kdy se projeví zlo, jak se ho můžeme zbavit a jak přijmout řešení našich problémů.

I dnes nás vede tou nejlepší cestou a používá ten nejlepší způsob, abychom mohli vystupovat jako svaté Boží děti.

Občas před nás staví zkoušky, které můžeme překonat. Je to způsob, jak můžete nalézt a odstranit zlo v sobě. A když naše duše prospívá, Bůh nám umožňuje, aby se nám dobře dařilo, a dává nám i dobré zdraví.

Faraón se však nezbavil svého zla, dokonce ani, když bylo odhaleno. Zatvrdil své srdce a setrvával v neposlušnosti Božího slova. Protože Bůh znal faraónovo srdce, nechal jej odhalit skrze rány. Proto Bible říká: „Hospodin zatvrdil faraónovo srdce."

„Mít zatvrzelé srdce" obecně znamená, že má někdo náročnou a tvrdohlavou povahu. Ale zatvrzelé srdce, jak o něm čteme v Bibli v souvislosti s faraónem, neznamená jen neposlouchat Boží slovo se svou vlastní špatností, ale také stát proti Bohu.

Jak je zmíněno výše, faraón byl velmi orientován sám na sebe, dokonce se sám považoval za boha. Všichni ho poslouchali a on se neměl čeho bát. Kdyby měl dobré srdce, věřil by v Boha na základě mocných skutků projevených skrze Mojžíše, i kdyby předtím Boha neznal.

Například Nebúkadnesar z Babylóna, který žil v letech 605 až 562 před Kristem, Boha neznal, ale jakmile uviděl Boží moc projevenou skrze tři Danielovy přátele, Šadraka, Méšaka a Abednega, uznal ho.

> *"Nebúkadnesar zvolal: ,Požehnán buď Bůh Šadrakův, Méšakův a Abed-negův, který poslal svého anděla a vysvobodil své služebníky, kteří na něj spoléhali. Přestoupili královo slovo a vydali svá těla, aby nemuseli vzdát poctu a klanět se nějakému jinému bohu než Bohu svému. Vydávám rozkaz: Kdokoli z lidí kterékoli národnosti a jazyka by řekl něco proti Bohu Šadrakovu, Méšakovu a Abed-negovu, ať je rozsekán na kusy a jeho dům ať je učiněn hnojištěm, neboť není jiného Boha, který by mohl vyprostit jako tento Bůh'"* (Daniel 3:28-29).

Šadrak, Méšak a Abed-nego přišli do pohanské země jako zajatci v mladém věku. Aby však uposlechli Boží nařízení, nepoklekli před modlou. Byli vhozeni do rozpálené pece. Nic se jim ale nestalo, ani jediný vlas neměli spálený. Když to Nebúkadnesar uviděl, okamžitě uznal živého Boha.

Nejenže uznal Boží všemohoucnost, když se stal svědkem Božího skutku přesahujícího jakoukoli lidskou schopnost; ale také vzdal Bohu slávu před všemi svými poddanými.

Faraón nicméně Boha neuznal, i když viděl jeho mocné skutky. Zatvrdil své srdce ještě více. Až utrpěl ne jednu či dvě rány, ale všech deset ran, nechal Izraelce odejít.

Ale protože se jeho zatvrzelé srdce v podstatě nezměnilo,

litoval toho, že nechal Izraelce odejít. Pronásledoval je s armádou a nakonec spolu se svými vojáky zahynul v Rudém moři.

Izraelci pod Boží ochranou

Ačkoli byl ranami zasažen celý Egypt a Izraelci se nacházeli ve stejném Egyptě, nebyli těmito ranami postiženi. Bylo to proto, že Bůh jim poskytl zvláštní ochranu rozprostírající se nad zemí Gošen, v níž žili.

Jestliže nás Bůh chrání, můžeme se cítit bezpečni, i když se nacházíme vprostřed velkých pohrom a utrpení. Třebaže onemocníme nebo čelíme potížím, můžeme být uzdraveni a překonat je Boží mocí.

Ochrana Izraelců nepramenila z toho, že měli víru a byli spravedliví. Byli ochráněni proto, že byli vyvoleným Božím lidem. Na rozdíl do Egypťanů ve svém utrpení hledali Boha, a protože jej uznávali, mohli být pod jeho ochranou.

Stejně tak můžeme být ochráněni před pohromami, které přicházejí na nevěřící, pouze na základě skutečnosti, že jsme se stali Božími dětmi, i když v sobě stále máme určité formy zla.

Je to proto, že nám byly odpuštěny naše hříchy vykoupené krví Ježíše Krista a stali jsme se Božími dětmi; proto již nejsme děti ďábla, který na nás uvaluje zkoušky a pohromy.

Navíc, jak naše víra roste, dodržujeme Hospodinův svatý den odpočinku, opouštíme zlo a posloucháme Boha, a tak přijímáme

Boží lásku a požehnání.

"Nyní tedy, Izraeli, co od tebe požaduje Hospodin, tvůj Bůh? Jen aby ses bál Hospodina, svého Boha, chodil po všech jeho cestách, miloval ho a sloužil Hospodinu, svému Bohu, celým svým srdcem a celou svou duší, abys dbal na Hospodinova přikázání a nařízení, která ti dnes udílím, aby s tebou bylo dobře" (Deuteronomium 10:12-13).

2. kapitola

Život v neposlušnosti a rány

Exodus 7:8-13

Hospodin dále řekl Mojžíšovi a Áronovi: „Až k vám farao promluví: ‚Prokažte se nějakým zázrakem,' řekneš Áronovi: ‚Vezmi svou hůl a hoď ji před faraóna,' a stane se drakem." Mojžíš s Áronem tedy předstoupili před faraóna a učinili, jak Hospodin přikázal. Áron hodil svou hůl před faraóna i před jeho služebníky a ona se stala drakem. Farao však také povolal mudrce a čaroděje, a egyptští věštci učinili svými kejklemi totéž. Hodili každý svou hůl na zem a ony se staly draky. Ale Áronova hůl jejich hole pohltila. Srdce faraónovo se však zatvrdilo a neposlechl je, jak Hospodin předpověděl.

Karel Marx odmítal Boha. Byl zakladatelem komunismu na bázi materialismu. Jeho teorie způsobila, že spousta lidí opustilo Boha. Zdálo se, že celý svět brzy přijme komunismus. Ale komunismus se za 100 let zhroutil.

Stejně jako padl komunismus, Marx kvůli těmto věcem trpěl v osobním životě v důsledku své duševní nejistoty a brzké smrtí svých dětí.

Friedrich W. Nietsche, který řekl: „Bůh je mrtev," ovlivnil mnoho lidí v tom, že se postavili proti Bohu. Ale brzy strachy zešílel a nakonec jej potkal tragický osud.

Můžeme vidět, že ti, kteří stojí proti Bohu a neposlouchají jeho slovo, trpí potížemi, které se podobají ranám a vedou nešťastný život.

Rozdíly mezi ranami, zkouškami, testy a souženími

Všichni lidé mohou ve svém životě čelit problémům, ať jsou věřící či nikoli. Je to proto, že naše životy jsou předmětem tříbení lidstva na základě Boží prozíravosti, která má za cíl získat skutečné děti.

Bůh nám dává jen dobré věci. Ale protože vešel do člověka hřích kvůli Adamovu hříchu, dostal se tento svět pod vládu nepřítele ďábla a satana. Od té doby lidé začali lidé trpět různými obtížemi a strastmi.

Kvůli nenávisti, hněvu, dychtivosti, aroganci a cizoložné mysli se lidé začali dopouštět hříchů. Podle vážnosti svého hříchu trpí všemožnými zkouškami a testy, které působí nepřítel ďábel a satan.

Když lidé čelí obtížným situacím, často říkají, že jde o katastrofu. Také věřící, když čelí obtížným věcem, často používají terminologii ‚test', ‚soužení' nebo ‚zkouška.'

Také Bible říká: *„A nejen to: chlubíme se i utrpením, vždyť víme, že z utrpení roste vytrvalost, z vytrvalosti osvědčenost a z osvědčenosti naděje"* (Římanům 5:3-4).

Podle toho, zda člověk žije či nežije v pravdě a podle toho, jakou míru víry každý má, se mohou nazývat pohromy nebo rány, zkoušky nebo soužení.

Například, jestliže má člověk víru, ale nejedná podle slova, které neustále slyší, Bůh jej nemůže chránit před tím, aby trpěl mnoha obtížemi. To můžeme nazvat jako ‚soužení.' Navíc, pokud člověk opustí svou víru a nejedná v pravdě, bude trpět ranami a pohromami.

Dejme tomu, že osoba, která poslouchá Slovo a snaží se ho praktikovat, právě teď úplně správně podle Slova nežije. Pak se musí snažit bojovat proti své hříšné povaze. Když se člověk potýká s mnoha obtížemi, kdy musí bojovat proti svým hříchům až do prolití své krve, Bible říká, že trpí ve zkouškách nebo je kázněn. Mnoha obtížím, kterým čelíme, se tudíž říká ‚zkoušky.'

‚Test' se vyskytuje u příležitosti zkoumání růstu něčí víry. Takže na ty, kdo žijí podle Slova, čekají ‚zkoušky' a ‚testy.' Jestliže se člověk odchýlí od pravdy a rozlítí Boha, bude trpět ‚souženími' a ‚ranami.'

Příčiny ran

Když někdo úmyslně páchá hříchy, Bůh od něj musí odvrátit svou tvář. Pak na něj nepřítel ďábel a satan může uvalit rány. Ty přicházejí v takové míře, v jaké člověk neposlouchá Boží slovo.

Pokud se neobrátí a bude hřešit i poté, co utrpěl rány, bude postižen ještě většími ranami, jako v případě deseti egyptských ran. Jestliže ale činí pokání a obrátí se zpět, rány díky Boží milosti brzy zmizí.

Lidé trpí ranami kvůli zlu v sobě, ale mezi trpícími můžeme nalézt dvě skupiny lidí.

Jedna skupina přichází k Bohu a prostřednictvím ran se snaží o pokání a návrat zpět. Ta druhá skupina si však stále stěžuje Bohu a říká: „Svědomitě navštěvuji církev, modlím se a dávám desátky, tak proč bych měl trpět takovými ranami?"

Výsledek bude pro každou skupinu úplně jiný. V prvním případě budou rány vzaty zpět a rozhostí se nad nimi Boží milost. Ale v druhém případě ti lidé dosud nepoznali, v čem je problém, takže na ně dopadnou ještě větší rány.

Pro člověka je obtížné uznat svou chybu a obrátit se zpět do té míry, kolik zla se skrývá v jeho srdci. Takový člověk je tak zatvrzelý, že neotevře dveře ke svému srdci, ani když uslyší evangelium. Dokonce, i když přišel k víře, nerozumí Božímu slovu; pouze navštěvuje církev, ale sám se nezmění.

Proto, trpíte-li ranami, měli byste se zamyslet, zda není z Božího pohledu něco špatně, rychle se obrátit a zbavit se ran.

Bohem poskytnutá šance

Faraón odmítl Boží slovo, které mu tlumočil Mojžíš. Neobrátil se, když na něj byly uvaleny menší rány, tak musel trpět většími ranami. Když stále konal zlo a neposlouchal Boha, celá jeho zem byla velmi oslabena a nebyla schopna se zotavit. Nakonec zemřel tragickou smrtí. Jak byl pošetilý!

Mojžíš s Áronem pak předstoupili před faraóna a řekli: „Toto praví Hospodin, Bůh Izraele: ‚Propusť můj lid, ať mi v poušti slaví slavnost'" (Exodus 5:1).

Když Mojžíš požádal faraóna, aby propustil Izraelce podle Božího slova, faraón neprodleně odmítl.

Farao však odpověděl: „Kdo je Hospodin, že bych ho měl uposlechnout a propustit Izraele? Hospodina neznám a Izraele nepropustím!" (Exodus 5:2).

Řekli: „Potkal se s námi Bůh Hebrejů. Dovol nám nyní odejít do pouště na vzdálenost tří dnů cesty a přinést oběť Hospodinu, našemu Bohu, aby nás nenapadl morem nebo mečem" (Exodus 5:3).

Když faraón slyšel od Mojžíše a Árona tato slova, bezdůvodně obvinil Izraelce z toho, že jsou líní a myslí na něco jiného než na svou práci. Potrestal je ještě krutějšími pracemi. Izraelci dříve dostávali slámu na výrobu cihel, ale nyní museli zvládnout stejný počet cihel a slámu si nasbírat sami. Pro Izraelce nebylo snadné vyrobit tolik cihel, i když měli slámu zajištěnou, ale nyní jim faraón přestal slámu dodávat. Můžeme v tom vidět, jak tvrdé srdce faraón měl.

S tím, jak byla práce stále těžší, začali si Izraelci stěžovat na Mojžíše. Ale Bůh poslal Mojžíše znovu k faraónovi, aby mu ukázal svá znamení. Bůh dal faraónovi, který odmítal Boží slovo, šanci kát se tím, že mu ukázal svou moc.

„Mojžíš s Áronem tedy předstoupili před faraóna a učinili, jak Hospodin přikázal. Áron hodil svou hůl před faraóna i před jeho služebníky a ona se stala drakem" (Exodus 7:10).

Bůh skrze Mojžíše proměnil hůl v draka, aby dosvědčil živého Boha faraónovi, který Boha neznal.

,Drak' v duchovním významu znamená satana, ale proč Bůh udělal z hole draka?

Země, na které Mojžíš stál a stejně tak hůl patřily k tomuto světu. Tento svět patří nepříteli ďáblu a satanovi. Aby Bůh tento fakt symbolizoval, vytvořil draka. Má nám to říct, že ti, kteří nejsou v Božích očích správní, vždy přijímají satanovo dílo.

Faraón stál proti Bohu a tak mu Bůh nemohl požehnat. Proto Bůh nechal zjevit draka, který představoval satana. Byla to předzvěst satanova díla. Následující rány, jako krev, žáby a komáři byly dílem satanovým.

Proměna holi v draka je proto na takové úrovni, kdy se dějí určité malé věci tak, aby je citlivý člověk mohl vnímat. Mohou být dokonce připisovány shodě okolností. Je to stav, kdy ještě nedošlo k žádné škodě. Je to šance od Boha k tomu, aby člověk činil pokání.

Faraón přivádí egyptské kouzelníky

Když faraón uviděl, jak se Áronova hůl proměnila v draka, nechal povolat mudrce a čaroděje z celého Egypta.

V paláci byli kouzelníci, kteří předváděli mnoho triků králi pro pobavení. Dostali se skrze magii na pozice vládních úředníků. A jelikož se to dědí po předcích, vlastně se s tímto temperamentem narodili.

I dnes někteří kouzelníci procházejí skrze Velkou čínskou zeď či nechávají zmizet Sochu svobody. Někteří lidé dlouhou dobu trénují jógu, a proto jsou schopni spát na tenké větvi nebo zůstat několik dní ve vědru.

Některá tato kouzla pouze klamou oči. Nicméně se tito lidé

sami trénují k tomu, aby dělali tyhle úžasné věci. O co mocnější potom museli být egyptští kouzelníci, kteří je předváděli před králem po mnoho generací! Obzvláště v jejich případě se dokázali dostat na úroveň, kdy udržovali kontakt se zlými duchy.

Někteří kouzelníci v Koreji mají kontakty s démony, tancují třeba na velmi úzkém ostří sekačky a vůbec se nezraní. Faraónovi kouzelníci byli také v kontaktu s nepřátelskými duchy a předváděli mnoho ohromujících věcí.

Egyptští kouzelníci dlouhou dobu trénovali a díky iluzi a klamu dokázali hodit hůl tak, aby vypadala jako had.

Ti, kdo nepoznají živého Boha

Když Mojžíš hodil hůl a ta se proměnila v draka, faraón si na okamžik pomyslel, že Bůh existuje, a že Bůh Izraele je pravý Bůh. Ale když viděl, jak kouzelníci udělali z hole draka, v Boha neuvěřil.

Draky, které vytvořili kouzelníci, sežral drak vytvořený z Áronovy hole, ale on si stále myslel, že je to shoda okolností.

Ve skutečnosti se o žádnou shodu okolností nejedná. Ale v případě nového věřícího, který právě přijal Pána, se může objevit mnoho satanových skutků, které jej odvedou od víry v Boha. Mnoho lidí pak na ně nahlíží jako na shodu okolností.

Také někteří věřící, kteří právě přijali Pána, obdrží od Boha řešení svých problémů. Nejdříve poznají Boží moc, ale časem si myslí, že je to shoda okolností.

Stejně jako se stal faraón svědkem Božího skutku proměny hole v draka, ale neuznal Boha, existují lidé, kteří neuznávají živého Boha ani po zkušenosti s Božím skutkem a vše považují za shodu okolností.

Někteří lidé uvěří zcela v Boha až na základě zkušenosti s Božím skutkem. Jiní nejdříve uznají Boha, ale později se domnívají, že problémy vyřešili díky svým vlastním schopnostem, znalostem, zkušenostem nebo pomoci sousedů a Boží skutek považují za shodu okolností.

Bůh pak nemůže učinit nic jiného, než od nich odvrátit svou tvář. V důsledku toho se problém, který již byl vyřešen, může znovu vrátit.

Nemoc, která byla uzdravena, se může vrátit nebo se dokonce může zhoršit. V případě problémů v podnikání se mohou objevit ještě větší problémy.

Když považujeme Boží odpověď pouze za shodu okolností, povede nás to k tomu, že se budeme vzdalovat od Boha. Pak se může stejný problém znovu vrátit nebo můžeme spadnout do ještě horší situace.

Stejně tak faraón považoval Boží skutek za shodu okolností, a proto začal trpět skutečnými ranami.

„Srdce faraónovo se však zatvrdilo a neposlechl je, jak Hospodin předpověděl" (Exodus 7:13).

3. kapitola

Krev, žáby a komáři

Exodus 7:20-8:19

Mojžíš a Áron učinili, jak Hospodin přikázal. Áron zdvihl hůl a před očima faraóna a jeho služebníků udeřil do vody v Nilu a všechna voda Nilu se proměnila v krev (7:20). Hospodin dále řekl Mojžíšovi: „Vyzvi Árona: ,Vztáhni ruku se svou holí nad průplavy, nad říční ramena i nad jezera a vyveď na egyptskou zemi žáby.'" Áron vztáhl ruku nad egyptské vody a žáby vylézaly, až pokryly egyptskou zemi (8:1-2).

Hospodin řekl Mojžíšovi: „Vyzvi Árona: ,Vztáhni svou hůl a udeř do prachu na zemi!' Stanou se z něho po celé egyptské zemi komáři." Učinili tak. Áron vztáhl ruku s holí a udeřil do prachu na zemi a na lidech i na dobytku se objevili komáři. Po celé egyptské zemi se ze všeho prachu země stali komáři (8:12-13).

Věštci tedy řekli faraónovi: „Je to prst Boží." Srdce faraónovo se však zatvrdilo a neposlechl je, jak Hospodin předpověděl (8:15).

Bůh řekl Mojžíšovi, že zatvrdí faraónovo srdce, a že ten odmítne nechat Izraelce jít i poté, co uvidí, jak se hůl změní v draka. Potom Bůh Mojžíšovi podrobněji řekl, co má dělat.

> *„Jdi k faraónovi ráno. Až půjde k vodě, postav se naproti němu na břehu Nilu a vezmi si do ruky hůl, která se proměnila v hada"* (Exodus 7:15).

Mojžíš potkal faraóna, jak se prochází u Nilu. Doručil mu Boží slovo a v ruce držel hůl, kterou Hospodin ještě v midjánské zemi proměnil v hada (Exodus 4:4).

> *Řekneš mu [faraónovi]: „Hospodin, Bůh Hebrejů, mě k tobě posílá se vzkazem: ‚Propusť můj lid, aby mi na poušti sloužil. Ale ty jsi dosud neposlechl.' Toto praví Hospodin: ‚Podle toho poznáš, že já jsem Hospodin: Holí, kterou mám v ruce, teď udeřím do vody v Nilu, a ta se promění v krev. Ryby, které jsou v Nilu, leknou a Nil bude páchnout. Marně budou Egypťané usilovat, aby se mohli napít vody z Nilu'"* (Exodus 7:16-18).

Krev

Voda je nám nejbližší a přímo souvisí s naším životem. Sedmdesát procent lidského těla je tvořeno vodou; je absolutně nezbytná pro všechno živé na zemi.

Dnes, ve světle stále rostoucí světové populace a ekonomického rozvoje, trpí spousta zemí nedostatkem vody. OSN ustanovila 'Světový den vody', aby zemím připomněla její důležitost. Má lidi přimět k tomu, aby efektivně využívali omezené zdroje vody.

Ve starodávné Číně měli ministra, který řídil vodní hospodářství. Vodu můžeme jednoduše vidět všude okolo sebe, ale někdy nevidíme její relativní význam v našich životech.

Jak velký problém by nastal, kdyby se voda v celé zemi změnila v krev? Faraón a Egypťané tuto ohromující věc poznali. Nil se změnil v krev.

Ale faraón zatvrdil své srdce a neposlechl Boží slovo, protože viděl, jak jeho kouzelníci rovněž změnili vodu v krev.

Mojžíš mu ukázal na živého Boha, ale faraón to považoval za pouhou shodu okolností a odmítl to. Přišla na něj tedy rána takového rozsahu, do jaké míry měl v sobě zlo.

Mojžíš a Áron konali tak, jak jim přikázal Hospodin. Před zraky faraóna a jeho služebníků Mojžíš pozvedl hůl, udeřil do nilských vod a veškerá voda v Nilu se změnila v krev.

Egypťané pak museli kopat okolo Nilu, aby získali pitnou vodu. To byla první rána.

Duchovní význam rány krve

Jaký je tedy duchovní význam obsažený v ráně krve?

Větší část Egypta tvoří poušť a pustina. Proto faraón a jeho lidé museli velmi trpět, když se jejich pitná voda změnila v krev.

Nejenže nešlo používat pitnou vodu a vodu pro denní potřebu, zemřely i ryby ve vodě a všude okolo se rozhostil smrdutý zápach. Obtíže s tím spojené byly opravdu značné.

Rána krve se v tomto smyslu duchovně vztahuje k utrpení, způsobenému věcmi, které se přímo týkají našeho každodenního života. Jedná se o věci, které jsou otravné a bolestivé, a které přicházejí od nejbližších lidí okolo nás, jako jsou členové rodiny, přátelé a kolegové.

Vzhledem k našemu křesťanskému životu může být tato rána něco jako pronásledování nebo zkoušky přicházející od našich nejbližších přátel, příbuzných či sousedů. Lidé s větší vírou je samozřejmě překonají snadněji, ale ti s menší vírou budou kvůli pronásledování a zkouškám trpět bolestí.

Zkoušky přicházející na ty, kdo v sobě mají zlo

Když čelíme zkouškám, existují dvě kategorie postojů.

V té první se jedná o zkoušku přicházející tehdy, když nežijeme podle Božího slova. Pokud budeme ihned činit pokání a obrátíme se zpět, Bůh vezme zkoušku zpět.

V Jakubově listu 1:13-14 stojí: *„Kdo prochází zkouškou, ať neříká, že ho pokouší Pán. Bůh nemůže být pokoušen ke zlému a sám také nikoho nepokouší. Každý, kdo je v pokušení, je* *sváděn a vában svou vlastní žádostivostí."*

Obtížím čelíme proto, že jsme přitahováni svými vlastními touhami a nežijeme podle Božího slova. Proto na nás nepřítel ďábel uvaluje různé zkoušky.

Za druhé, někdy se snažíme být věrní ve svém křesťanském životě, ale stále čelíme nějakým zkouškám. Je to narušující dílo satana, který se snaží odvést nás od naší víry.

Pokud v tomto případě podlehneme, nastanou ještě větší obtíže a my nebudeme moci přijmout požehnání. Někteří lidé ztratí i tu malou víru, kterou měli a vrátí se zpět do světa.

Oba případy jsou nicméně způsobeny tím, že v sobě máme zlo. Proto musíme usilovně hledat zlo v sobě a snažit se ho odstraňovat. Musíme se s vírou modlit a vzdávat díky. Pak můžeme zkoušky překonat.

Stejně jako Mojžíšův drak pohltil draky kouzelníků, svět satana je také pod Boží kontrolou. Když Bůh poprvé povolal Mojžíše, dal mu znamení formou proměny hole v hada a pak zpět v hůl (Exodus 4:4). To symbolizuje fakt, že i když na nás přicházejí zkoušky skrze působení Satana, Bůh vrátí vše do normálu, pokud projevíme svou víru tím, že budeme bezmezně spoléhat na Boha.

Na druhou stranu, pokud učiníme kompromis, nejde o víru a my nemůžeme zakusit Boží působení. Jestliže stojíme tváří v tvář zkoušce, měli bychom se zcela spolehnout na Boha a sledovat, jak z nás Bůh snímá tuto zkoušku svou mocí.

Vše je pod Boží kontrolou. Bez ohledu na to, zda jde o malou či velkou věc, pokud při jakékoli zkoušce zcela spoléháme na Boha a dodržujeme Boží slovo, zkoušky se nás nedotknou. Bůh sám vyřeší problém a povede nás ve všem ke zdaru.

Důležité však je, že z menších ran se můžeme vzpamatovat snadněji, ale pokud jde o velkou ránu, není to tak jednoduché. Proto vždy musíme zkoumat sami sebe podle slova pravdy, zbavovat se zla a žít podle Božího slova, abychom už nemuseli čelit žádným ranám.

Lidé víry podstupují zkoušky kvůli požehnání

Někdy se jedná o výjimečné případy. I lidé s velkou vírou mohou procházet zkouškami. Apoštol Pavel, Abraham, Daniel a jeho tři přátelé a Jeremiáš, ti všichni procházeli zkouškami. Dokonce i Ježíš byl třikrát pokoušen ďáblem.

A tak zkoušky přicházející na ty, kdo mají víru, jsou kvůli požehnání. Pokud se radují, vzdávají díky a plně spoléhají na Boha, zkoušky se změní v požehnání a oni mohou vzdávat Bohu slávu.

Proto ti, kdo mají víru, mohou podstupovat zkoušky, protože dokážou přijímat požehnání z toho, že je překonali. Ale nikdy nebudou čelit ranám. Rány přicházejí na člověka, který se v Božích očích dopouští chyb a omylů.

Například apoštol Pavel byl mnohokrát pronásledován kvůli

Bohu, ale skrze pronásledování získal větší moc a sehrál klíčovou roli v evangelizaci Římské říše, když přinášel evangelium lidem nežidovského původu.

Daniel neučinil kompromis s návrhem od zlých lidí, kteří na něj žárlili. Nepřestal se modlit a jednal vždy správně. Nakonec byl vhozen do lví jámy, ale vyvázl bez zranění. Velmi Boha oslavoval.

Jeremiáš truchlil a varoval lidi pláčem, když jeho lid páchal hříchy před Bohem. Za to byl bit a uvězněn. Avšak i v situaci, kdy byl Jeruzalém dobyt Nebúkadnesarem Babylónským a spousta lidí byla zabita a vzata do zajetí, Jeremiáš byl tímto králem uchráněn a bylo o něj dobře postaráno.

Abraham s vírou podstoupil zkoušku, kdy měl obětovat svého syna Izáka, a tak mohl být nazýván Božím přítelem. Obdržel taková velká požehnání na duchu i těle, že jej s poctami přijal i král země.

Jak je vysvětleno, ve většině případů na nás přicházejí zkoušky kvůli různým formám zla, které máme v sobě, ale existují i výjimečné případy, kdy Boží lid podstupuje zkoušky své víry. Jejich výsledkem je však požehnání.

Žáby

I po sedmi dnech, kdy se vody v Nilu proměnily v krev, měl faraón zatvrzelé srdce. Protože jeho kouzelníci také proměnili vodu v krev, odmítl Izraelce propustit.

Jako král národa se faraón měl starat o obtíže svého lidu, který trpěl nedostatkem vody, ale ve skutečnosti se o nic nestaral, protože jeho srdce bylo zatvrzelé.

Kvůli tomuto faraónovu zatvrzelému srdci byla na Egypt uvalena druhá rána.

„Nil se bude žábami hemžit, vylezou a vniknou do tvého domu, do tvé ložnice a na tvé lože i do domu tvých služebníků a mezi tvůj lid, do tvých pecí a díží. I po tobě, po tvém lidu a po všech tvých služebnících polezou žáby" (Exodus 7:28-29).

Jak Bůh řekl Mojžíšovi, jakmile Áron napřáhl ruku s holí nad vodami Egypta, nesčetné množství žab začalo pokrývat celou zemi. Potom kouzelníci udělali to samé pomocí svého tajného umění.

Na celém světě, s výjimkou Antarktidy, žije více než 400 druhů žab. Jejich velikost se pohybuje od 2,5 cm do 30 cm.

Někteří lidé žáby jedí, ale obvykle jsme při pohledu na ně udiveni nebo zhnuseni. Oči žab lezou z důlků a žáby nemají ocas. Na zadních nohách mají plovací blánu a jejich kůže je vždy mokrá. Všechny tyto věci vzbuzují určité nepříjemné pocity.

Ne několik, ale nesčetné množství žab pokrylo celou zemi. Seděly na talířích, skákaly po ložnicích a po postelích. Nebylo vůbec možné pomýšlet na dobré jídlo nebo příjemný a pokojný odpočinek.

Duchovní význam rány žab

Jaký je tedy duchovní význam obsažený v ráně žab?

V knize Zjevení 16:13 je výraz *„tři nečistí duchové, podobní ropuchám."* Žáby patří mezi odporná stvoření a duchovně se vztahují k satanovi.

Žáby skákající po paláci krále a po domech ministrů i obyčejných lidí znamenají, že touto ranou byli zasaženi všichni stejně, bez ohledu na své společenské postavení.

Rovněž žáby skákající na postele a po postelích znamenaly, že docházelo k problémům mezi manžely.

Předpokládejme například, že žena je věřící, avšak její muž ne a má navíc milostný poměr. Když je pak přistižen, omlouvá se slovy jako: „Je to proto, že ty pořád chodíš na nějaká církevní shromáždění."

Pokud žena věří svému manželovi, který obviňuje církev za jejich osobní problémy a drží se dále od Boha, pak je zde problém zvaný ‚Satan v ložnici.'

Lidé čelí tomuto druhu rány kvůli zlu, které mají v sobě. Zdá se, že vedou dobrý život ve víře, ale když se setkají se zkouškami, jejich srdce je otřeseno. Jejich víra a naděje v nebe zmizí. Jejich radost a pokoj zmizí také a oni se bojí podívat do skutečné reality.

Ale pokud mají skutečnou naději v nebe a lásku k Bohu a pokud mají opravdovou víru, nebudou trpět obtížemi, kterými procházejí na zemi. Spíše je překonají a začnou přijímat požehnání.

Žáby pronikly do pecí a díží. Díže odkazují na náš denní chléb a pec na naši práci nebo podnikání. Jako celek to znamená satanovo dílo v rodinách, na pracovištích, v podnikání, i v denním pokrmu, takže se všichni budou potýkat s obtížnou a stresující situací.

Někteří lidé v této situaci nepřekonají jednoduché uvažování ve zkouškách typu: „Tyto zkoušky na mně přicházejí kvůli víře v Ježíše" a vrátí se zpět do světa. Odchýlí se tedy od cesty spasení a věčného života.

Avšak pokud uznají fakt, že obtíže na ně přicházejí kvůli nedostatku víry a určité formě zla a činí pokání, satanovo narušitelské dílo zmizí a Bůh jim pomůže obtíže překonat.

Máme-li skutečnou víru, zkouška či rána pro nás nebude znamenat problém. I když můžeme čelit zkoušce, pokud se radujeme, vzdáváme díky, jsme ostražití a modlíme se, všechny problémy mohou být vyřešeny.

Tu povolal farao Mojžíše a Árona a řekl: „Proste Hospodina, aby mě i můj lid zbavil žab. Pak propustím lid, aby obětoval Hospodinu" (Exodus 8:4).

Faraón požádal Mojžíše a Árona, aby ho zbavili žab, které obsadily celou zemi. Na základě Mojžíšovy modlitby žáby pošly v domech, ve dvorcích i na polích.

Lidé je naházeli na hromady a zemi naplnil zápach. Nyní

přišla úleva. Ale když to faraón viděl, změnil názor. Slíbil, že propustí Izraelský lid, až žáby zmizí, ale najednou změnil názor.

> *„Když však farao viděl, že nastala úleva, zůstal v srdci neoblomný a neposlechl je, jak Hospodin předpověděl"* (Exodus 8:11).

,Zatvrdit své srdce' znamená, že faraón byl tvrdohlavý. I když viděl několik mocných Božích skutků, Mojžíše neposlechl. Proto přišla další rána.

Komáři

Bůh řekl Mojžíšovi v Exodu 8:12: *„Vyzvi Árona: ,Vztáhni svou hůl a udeř do prachu na zemi!' Stanou se z něho po celé egyptské zemi komáři."*
Když Mojžíš a Áronem udělali, co jim bylo řečeno, prach po celé egyptské zemi se změnil v komáry.
Kouzelníci se pokoušeli vytvořit komáry za pomoci své tajné magie, ale nedokázali to. Nakonec uznali, že to nelze udělat lidskými silami a přiznali to králi.

> *„Je to prst Boží"* (Exodus 8:15).

Až doteď uměli kouzelníci podobné věci, jako proměnit hůl v draka, proměnit vodu v krev a přivolat žáby. Ale toto již nedokázali.

Nakonec také museli uznat Boží moc projevenou skrze Mojžíše. Ale faraónovo srdce se zatvrdilo a Mojžíše neposlouchal.

Duchovní význam rány komárů

V hebrejštině se výraz ‚Kinim' překládá různě jako ‚vši, blechy nebo komáři.' Jedná se obvykle o malý hmyz žijící na nečistých místech. Přisají se na člověka nebo zvíře a sají jejich krev. Obvykle se nacházejí ve vlasech, na oblečení nebo v srsti zvířat. Existuje více než 3300 různých druhů komárů.

Když sají krev z lidského těla, svědí to. Mohou také díky infekci druhotně vyvolat nemoc jako opakující se horečky nebo tyfus.

V dnešních čistých městech se s komáry tak snadno nepotkáme, ale tehdy tam byla spousta malého hmyzu žijícího na lidském těle kvůli špatné hygieně.

Co konkrétně tedy znamená rána komárů?

Prach země se změnil v komáry. Prach je velmi malá věc, kterou lze odfouknout. Jeho velikost se liší od 3-4 μm (micrometry) po 0,5 mm.

Podobně jako se z téměř neviditelného prachu stanou živí komáři, kteří sají krev a způsobují obtíže a utrpení, rána komárů symbolizuje případy, kdy malé věci ležící pod povrchem z ničeho nic najednou vystoupí a změní se ve velké problémy, které nám způsobí utrpení a bolest.

Svědění obvykle působí menší bolest, než jsou bolesti z jiných nemocí, ale je velmi obtěžující. A jelikož komáři žijí na nečistých místech, rána komárů se objeví na místě, kde existuje nějaká forma zla.

Například, malá roztržka mezi bratry nebo manželem a manželkou může přerůst ve velký boj. Když mluví o malých věcech, které se staly v minulosti, také to může vyústit ve velký boj. I to je rána komárů.

Když takové formy zla jako závist a žárlivost v srdci vzrostou v nenávist, když někdo nezvládne svou výbušnou povahu a rozzlobí se na druhého, když něčí malé lži vedou k velkým lžím ve snaze zakrýt je, to vše jsou příklady ran komárů.

Pokud má někdo v srdci skryté zlo, pak se trápí. Může pociťovat, že křesťanský život je obtížný. Mohou jej postihnout menší nemoci. Tyto věci jsou také ranami komárů. Pokud nás najednou postihne horečka nebo nachlazení nebo pokud se trochu hádáme či máme menší problémy, pak bychom se měli rychle podívat na sebe a činit pokání.

Podívejme se nyní na význam toho, že komáři byli na zvířatech. Zvířata jsou živé bytosti a v té době bylo množství zvířat spolu s půdou měřítkem bohatství dané osoby. Král, ministři a lidé měli vinice a pěstovali dobytek.

Co dnes vlastníme my? Nejenom domy, půda, firma či

naše pracoviště, ale i členové rodiny patří do kategorie našeho ‚vlastnictví.' A jelikož zvířata jsou živé bytosti, vztahuje se to na členy rodiny, kteří žijí spolu.

‚Komáři na lidech a zvířatech' znamenají, že když malé problémy narostou, trpíme nejen my, ale i členové našich rodin.

Jedná se o případy, kdy děti trpí kvůli proviněním svých rodičů nebo kdy manžel trpí kvůli vině své manželky.

V Koreji trpí mnoho dětí atopickými záněty kůže. Ty začínají nejdříve jako malý píchanec, brzy se rozšíří na celé tělo a končí to výtoky a vředy.

V nejvážnějších případech dětská pokožka od hlavy až k patě praskne a vše vyteče. Potrhaná kůže je pokryta hnisem a krví.

Když rodiče vidí své děti, mají zlomená srdce už jen kvůli skutečnosti, že pro své děti nemohou vůbec nic udělat.

Také se stává, že když se rodiče rozzlobí, jejich malé děti někdy dostanou náhlou horečku. V mnoha případech jsou nemoci malých dětí způsobeny proviněním jejich rodičů.

Pokud rodiče v této situaci zkoumají své životy a činí pokání z toho, že správně neplní své povinnosti, že nejsou zadobře s druhými a že nedělají to, co je správné v Božích očích, jejich děti se brzy uzdraví.

Můžeme vidět, že je to také Boží láska, která tyto věci umožňuje. Rány komárů na nás přicházejí, když v sobě máme nějakou formu zla. Proto bychom neměli ani ty nejmenší věci považovat za shodu okolností, ale měli bychom hledat zlo v sobě, rychle se kát a odvracet se od něj.

4. kapitola

Mouchy, mor a vředy

Exodus 8:21-9:11

„A Hospodin tak učinil. Dotěrné mouchy vnikly do domu faraónova, do domu jeho služebníků a na celou egyptskou zemi. Země byla těmi mouchami zamořena" (8:20).

„Tu na tvá stáda, která jsou na poli, na koně, na osly, na velbloudy, na skot i na brav, dolehne Hospodinova ruka velmi těžkým morem. A nazítří to Hospodin učinil. Všechna egyptská stáda pošla, ale z izraelských stád nepošel jediný kus" (9:3, 6).

„Nabrali tedy saze z pece, postavili se před faraóna a Mojžíš je rozhazoval směrem k nebi. Na lidech i na dobytku se objevily vředy hnisavých neštovic. Ani věštci se nemohli postavit před Mojžíše pro vředy, neboť vředy byly na věštcích i na všech Egypťanech" (9:10-11).

Egyptští kouzelníci uznali Boží moc poté, co uviděli ránu komárů. Avšak faraón měl stále zatvrzelé srdce a Mojžíše neposlechl. Boží moc, která se projevovala až do této chvíle, stačila na to, aby uvěřil v Boha. Ale on se stále spoléhal na své postavení a moc a považoval se za boha, takže se Boha nebál.

Rány pokračovaly, ale on nečinil pokání, pouze ještě více zatvrdil své srdce. A tak byly rány větší a větší. Do doby, kdy přišla rána komárů, se mohlo všechno ještě neprodleně obnovit, jen pokud by se obrátili zpět k Bohu. Ale odteď už je velmi obtížné vypořádat se s následky.

Mouchy

Podle Božího slova Mojžíš brzy ráno předstoupil před faraóna. Znovu přednesl poselství od Boha, aby faraón nechal Izraelce jít.

> *Hospodin řekl Mojžíšovi: „Za časného jitra se postav před faraóna, až vyjde k vodě. Řekneš mu: ‚Toto praví Hospodin: Propusť můj lid, aby mi sloužil!'"* (Exodus 8:16).

Faraón však Mojžíše neposlechl. To způsobilo, že na ně byly seslány mouchy, nejen do paláce faraóna a domů ministrů, ale na celou egyptskou zemi. Země byla plná much.

Mouchy jsou škodlivé. Přenášejí nemoci jako břišní tyfus,

choleru, tuberkulózu a lepru. Běžné mouchy domácí se množí všude, i na tělesných odpadech a smetí. Jedí všechno, odpad i jídlo. Jejich trávení je rychlé a vylučují každých pět minut.

Mohou na lidské potravě nebo nádobí zanechat různé druhy patogenních organismů a ty se mohou dostat do lidského těla. Jejich ústní ústrojí a nohy jsou pokryty tekutinami, které také přenášejí patogenní organismy. Jsou jedněmi z největších příčin přenosných nemocí.

Dnes máme spoustu prevence a léků a mouchy již tolik nemocí nepřenášejí. Ale pokud kdysi dávno propukla nakažlivá nemoc, přišla o život spousta lidí. Vedle nakažlivých nemocí je také obtížné konzumovat nečisté jídlo, pokud na něm seděly mouchy.

Ne jedna či dvě mouchy, ale nespočet much pokrylo celou egyptskou zemi. Jak bolestné to pro lidi muselo být! Museli být vyděšeni jen z toho, co viděli okolo sebe.

Celá egyptská země byla postižena strašlivými hejny much. To znamená, že revolta nejen faraóna, ale všech Egypťanů postihla celou egyptskou zemi.

Ale aby Bůh jasně odlišil Izraelce od Egypťanů, neposlal žádné mouchy na zem Gošen, kde žili Izraelci.

„Nuže, přineste oběť svému Bohu zde v zemi"
(Exodus 8:21).

Předtím, než Bůh seslal svou první ránu, nařídil, aby mu obětovali na poušti, ale faraón jim řekl, aby přinesli oběť svému Bohu v Egyptě. Nyní to byl Mojžíš, kdo odmítl návrh a sdělil faraónovi důvod.

> *„Nebylo by správné, abychom to učinili. To, co máme obětovat Hospodinu, svému Bohu, je Egypťanům ohavností. Copak by nás neukamenovali, kdybychom před nimi obětovali, co je jim ohavností?"* (Exodus 8:22).

Mojžíš opakoval, že by měli odejít do pouště na tři dny, jak jim nařídil Hospodin. Faraón na to odpověděl, ať neodcházejí příliš daleko, a ať prosí i za něj.

Mojžíš řekl faraónovi, že mouchy odletí příští den a požádal jej, aby jej neobelstil tím, že by znovu nechtěl propustit izraelský lid.

Avšak poté, co mouchy odletěly, faraón změnil názor a lid Izraele nepropustil. Na základě toho můžeme vidět, jak falešný a lstivý faraón byl. Také vidíme, proč musel pořád čelit ranám.

Duchovní význam rány much

Stejně jako mouchy pocházejí z nečistých míst a přenášejí nakažlivé nemoci, tak pokud je srdce člověka zlé a nečisté, bude říkat zlá slova a způsobí, že na něj budou přicházet různé nemoci a problémy. Toto je rána much.

Taková rána nepřichází pouze na tuto osobu, ale také na jeho manželku/manžela a na pracoviště.

Matouš 15:18-19: *„Však to, co z úst vychází, jde ze srdce, a to člověka znesvěcuje. Neboť ze srdce vycházejí špatné myšlenky, vraždy, cizoložství, smilství, loupeže, křivá svědectví, urážky."*

Cokoli je v srdci člověka, vychází ven skrze rty. Z dobrého srdce vycházejí dobrá slova, ale z nečistých srdcí budou vycházet nečistá slova. Máme-li v srdci nepravost a lstivost, nenávist a hněv, budou ze srdce vycházet i taková slova a skutky.

Pomlouvání, souzení, odsuzování a klení pochází ze zlých a nečistých srdcí. Proto se v Matoušovi 15:11 píše: *„Ne co vchází do úst, znesvěcuje člověka, ale co z úst vychází, to člověka znesvěcuje."*

I nevěřící říkají věci jako „Slova bodají jako nůž" nebo „Jakmile jednou vylijete vodu, nemůžete ji už vrátit zpět."

Pokud jednou něco vyřknete, nemůžete to jen tak vrátit zpět. Zejména v životě křesťana je vyznání ústy velmi důležité. Podle toho, jaká slova říkáte, zda jsou pozitivní nebo negativní, se můžete dočkat různých výsledků.

Obyčejná chřipka nebo nekomplikovaná nakažlivá nemoc patří do kategorie ran komárů. Takže pokud činíme okamžitě pokání, můžeme se uzdravit. Ale od rány much se již nemůžeme tak snadno uzdravit tím, že činíme pokání. Protože je nemoc způsobena větším zlem než v případě rány komárů, musíme čelit trestu.

Proto, jestliže čelíme ráně much, musíme se ohlédnout zpět a důkladně činit pokání ze zlých slov a věcí. Problém může být vyřešen až poté, co činíme takovéto důkladné pokání.

V Bibli můžeme najít lidi, kteří byli potrestáni za svá zlá slova. Stalo se tak v případě Míkal, dcery krále Saula a ženy krále Davida. V 6. kapitole 2. knihy Samuelovy čteme, že když se Hospodinova schrána vrátila zpět do města krále Davida, král byl velmi šťastný a před všemi tančil.

Hospodinova schrána byla symbolem Boží přítomnosti. Vzali ji Pelištejci během období soudců, ale byla získána zpět. Nemohla pobývat ve stánku a dočasně zůstala v Kiriath Jearim po celých sedmdesát let. Jakmile David získal trůn, mohl přestěhovat schránu do stánku v Jeruzalémě. Byl radostí bez sebe.

Nejen David, ale celý izraelský lid se radoval a chválil Boha. Ale Míkal, která se měla radovat spolu se svým manželem, se jen podívala dolů na krále a pohrdla jím.

„Jak se dnes proslavil izraelský král! Pro oči otrokyň svých služebníků se dnes odhaloval jako nějaký blázen" (2 Samuelova 6:20).

Co na to David odvětil?

„Před Hospodinem, který mě vyvolil místo tvého otce a místo celého jeho domu a ustanovil mě vévodou Hospodinova lidu, Izraele, před Hospodinem jsem

tak dováděl. I když budu ještě víc zlehčován než teď a budu docela maličký i ve vlastních očích, budu vážen právě u těch otrokyň, o nichž jsi mluvila" (2 Samuelova 6:21-22).

A protože Míkal říkala tato zlá slova, neměla děti až do dne své smrti.

Lidé svými rty páchají veliké množství hříchů, ale vůbec si neuvědomují, že jejich slova jsou hříchem. Kvůli nepravostí vyslovených jejich rty přicházejí tresty za hříchy na jejich pracoviště, podnikání a rodiny, ale oni vůbec netuší proč. Bůh nám o důležitosti slov mnoho říká.

„Zlovolník se chytí do přestupků svých rtů, kdežto spravedlivý vyvázne ze soužení. Ovocem svých úst se každý dobře nasytí, skutek rukou se člověku vrátí" (Přísloví 12:13-14).

Ovoce svých úst se každý dobře nají, duše věrolomných okusí násilí. Kdo hlídá svá ústa, střeží svůj život, kdo se pošklebuje, toho stihne zkáza (Přísloví 13:2-3).

„V moci jazyka je život i smrt, kdo ho rád používá, nají se jeho plodů" (Přísloví 18:21).

Měli bychom si uvědomit, jaké následky má to, že z našich úst vycházejí zlá slova do té míry, abychom říkali pouze pozitivní slova, dobrá a krásná slova, slova spravedlnosti a světla a vyznání víry.

Mor

I poté, co faraóna postihla rána much, měl stále zatvrzelé srdce a odmítal Izraelce propustit. Bůh pak dopustil ránu moru.

Ve stejnou dobu, předtím, než uvrhl tuto ránu, Bůh poslal Mojžíše. Poslal Mojžíše, aby doručil jeho vůli.

> *Budeš-li se zdráhat jej propustit a zatvrdíš-li se proti nim ještě víc, tu na tvá stáda, která jsou na poli, na koně, na osly, na velbloudy, na skot i na brav, dolehne Hospodinova ruka velmi těžkým morem. Hospodin však bude podivuhodně rozlišovat mezi stády izraelskými a stády egyptskými, takže nezajde nic z toho, co patří Izraelcům* (Exodus 9:2-4).

Aby pochopili, že to není shoda okolností, ale rána seslaná Boží mocí, Bůh stanovil konkrétní čas: „Zítra toto učiní Hospodin v celé zemi." Tak dostali šanci kát se.

Kdyby faraón alespoň trochu uznal Boží moc, změnil by názor a již by netrpěl ranami.

Ale faraón se nezměnil. Nakonec na ně dolehl mor a stáda,

která byla na poli – koně, osli, velbloudi, skot a brav – pomřela. Naopak, z izraelských stád nepošel jediný kus. Bůh je nechal poznat, že je živý a plní své slovo. Faraón to velmi dobře věděl, ale jeho srdce zůstalo neoblomné a své názory nezměnil.

Duchovní význam rány moru

Mor je jakákoli nemoc, která se rychle šíří a zabíjí velké množství lidí nebo zvířat. Nyní v Egyptě pomřela všechna hospodářská zvířata a my si umíme představit, jaké škody to způsobilo.

Například černá smrt nebo dýmějový mor, které se rozšířily v Evropě ve 14. století, byly ve skutečnosti epidemie, které postihly zvířata jako veverky a krysy. Avšak blechy je rozšířily na lidi a tak to mělo za následek mnoho mrtvých. Jelikož se jednalo o nakažlivé nemoci a lékařská věda nebyla ještě moc rozvinutá, zemřela spousta lidí.

Hospodářská zvířata, jako stáda dobytka a koní, stáda ovcí a koz, představovala značnou část majetku lidí. Hospodářská zvířata tak symbolizovala majetek faraóna, ministrů i obyčejných lidí. Jsou to živé věci a v přeneseném smyslu tak dnes můžeme označit členy našich rodin, kolegy a přátele, kteří jsou s námi v našich domovech, na pracovištích nebo v podnikání.

Příčinou moru hospodářských zvířat v Egyptě byla faraóna špatnost. Duchovní význam rány moru tedy spočívá v tom, že pokud budeme hromadit zlo a Bůh odvrátí svou tvář, členy našich rodin postihnou nemoci.

Například, když rodiče neposlouchají Boha, jejich milované dítě může být postiženo nemocí, kterou je jen obtížné léčit. Nebo může manželka onemocnět kvůli špatnosti svého manžela. Když na nás přijde tento druh rány, nejenže se musíme podívat sami na sebe, ale také by celá rodina měla společně činit pokání.

V knize Exodus od verše 20:5 dále je psáno, že Bůh stíhá vinu otců do třetího i čtvrtého pokolení.

Samozřejmě, že Bůh lásky netrestá ve všech případech. Pokud děti mají dobré srdce, přijímají Boha a žijí ve víře, nebudou čelit žádné ráně způsobené hříchy svých rodičů.

Ale pokud děti hromadí ještě více zla, které zdědili po svých rodičích, budou čelit následkům hříchů. V mnoha případech se stává, že děti narozené v rodinách uctívajících modly se rodí s vrozeným postižením nebo mají duševní poruchy.

Někteří lidé mají na zdích svých domů pověšeny talismany pro štěstí. Jiní uctívají Budhu. Další zase zapisují svá jména do budhistických chrámů. V případě takového vážného modlářství mohou mít problémy jejich děti, i když oni sami ranami trpět nemusí.

Rodiče by proto měli vždy zůstávat v pravdě, aby jejich hříchy nepřecházely na jejich děti. Pokud někdo z členů rodiny onemocní těžko léčitelnou nemocí, měli by všichni zkoumat, zda není způsobena jejich hříchy.

Vředy

Faraón se díval, jak umírá dobytek v Egyptě a vyslal někoho, aby zkontroloval, co se děje v zemi Gošen, kde žili Izraelci. Na rozdíl od jiných míst v Egyptě v Gošenu nepošlo ani zvíře.

Faraón se však neobrátil k Bohu ani poté, co se stal svědkem nepopíratelného Božího díla.

> *„Farao si to dal zjistit, a vskutku z izraelských stád nepošel jediný kus; přesto zůstalo srdce faraónovo neoblomné a lid nepropustil"* (Exodus 9:7).

Bůh pak řekl Mojžíšovi a Áronovi, aby si nabrali plné hrsti sazí z pece a aby je Mojžíš rozhazoval faraónovi před očima směrem k nebi. Jakmile udělali, co Bůh řekl, na lidech a na dobytku se objevily vředy hnisavých neštovic.

Vřed je lokální otok a zanícení kůže, který vzniká z infekce folikul vlasu nebo chlupu a okolní tkáně, má pevné jádro a tvoří hnis.

Ve vážných případech musí člověk podstoupit chirurgický zákrok. Některé vředy mají v průměru více než 10 cm. Otékají a způsobují vysokou horečku a velkou únavu, někteří lidé dokonce nemohou chodit. Je to velmi bolestivé.

Tyto vředy se vyskytovaly na lidech a zvířatech, dokonce ani věštci se kvůli vředům nemohli před Mojžíše postavit.

V případě moru pošel pouze dobytek. Ale v případě vředů netrpěla pouze zvířata, ale také lidé.

Duchovní význam rány vředů

Mor je vnitřní nemoc, ale vřed je vidět zvenku, když je uvnitř něco vážného.

Například malá rakovinová buňka roste a nakonec se projeví venku. Stejné to je u mrtvice nebo obrny, nemoci plic a AIDS.

Tyto nemoci obvykle postihují ty, kdo mají tvrdohlavou povahu. Může se to lišit případ od případu, ale mnoho z těchto lidí je vznětlivých, arogantních, neodpouští druhým a domnívají se, že oni sami jsou nejlepší. Také trvají pouze na svých názorech a ignorují ostatní. Všechno se to děje kvůli nedostatku lásky. Z těchto důvodů na ně přicházejí rány.

Někdy se můžeme divit: „Vypadá tak mírně a dobrosrdečně, proč tedy trpí takovou nemocí?" Ale i když někdo vypadá mírně navenek, nemusí tak vypadat v Božích očích.

Pokud on sám není tvrdohlavý, pravděpodobně trpí za viny svých otců (Exodus 20:5).

Když rána postihne člena rodiny, problém se vyřeší, jestliže budou všichni členové rodiny společně činit pokání. Pokud se prostřednictvím toho stanou pokojnou a překrásnou rodinou, stane se to pro ně požehnáním.

Bůh je ve své spravedlnosti pánem nad životem, smrtí, štěstím a neštěstím lidí. Proto žádná rána či pohroma nepřichází bez důvodu (Deuteronomium 28).

Také když děti trpí za hříchy svých rodičů nebo předků, základní příčina tkví v dětech samotných. I když rodiče uctívají modly, pokud děti žijí podle Božího slova, Bůh je před ranami ochrání.

Odplata za hříchy uctívání model předky či rodiči přichází na děti, protože děti samy nežijí podle Božího slova. Jestliže žijí v pravdě, spravedlivý Bůh je ochrání před jakýmikoli problémy.

Protože Bůh je láska, považuje byť i jedinou duši za cennější než celý svět. Chce, aby každá bytost dosáhla spasení, žila v pravdě a ve svém životě dosáhla vítězství.

Bůh nedopouští rány proto, aby nás dovedl ke zkáze, ale aby nás dovedl k pokání z našich hříchů a k odvrácení se od nich.

Rány krve, žab a komárů byly způsobeny působením satana a jsou relativně slabé. A tak, pokud se budeme kát a odvrátíme se od hříchů, lze je snadno vyřešit.

Ale rány much, moru a vředů jsou závažnější a přímo se dotýkají našich těl. Proto bychom měli rozervat své srdce a velmi usilovně činit pokání.

Jestliže trpíme některou z těchto ran, neměli bychom z toho obviňovat jiné lidi. Namísto toho bychom měli být natolik moudří, abychom si dokázali sami nastavit zrcadlo v Božím slově a kát se ze všeho, co není správné v Božích očích.

5. kapitola

Krupobití a kobylky

Exodus 9:23-10:20

Když Mojžíš vztáhl svou hůl k nebi, dopustil Hospodin hromobití a krupobití. Na zemi padal oheň. Tak Hospodin spustil krupobití na egyptskou zemi. Nastalo krupobití a uprostřed krupobití šlehal oheň; něco tak hrozného nebylo v celé zemi egyptské od dob, kdy se dostala do moci tohoto pronároda (9:23-24).

Mojžíš tedy vztáhl nad egyptskou zemi hůl a Hospodin přihnal na zemi východní vítr. Ten vál po celý den a celou noc. Když nastalo jitro, přinesl východní vítr kobylky. Kobylky přilétly na celou egyptskou zemi a spustily se na celé území Egypta v takovém množství, že tolik kobylek nebylo nikdy předtím ani potom (10:13-14).

Rodiče, kteří skutečně milují své děti, je neodmítají káznit nebo jim dát na zadek. Touhou rodičů je vést své děti k tomu, aby dělaly, co je správné.

Když děti neposlouchají spílání svých rodičů, musí občas použít rákosku, aby si to děti zapamatovaly. Ale bolest v srdci rodičů je větší, než je fyzická bolest dětí.

Bůh lásky také občas odvrátí svou tvář a dopustí rány nebo problémy, aby mohly jeho milované děti činit pokání a odvrátit se od zlého.

Krupobití

Bůh mohl seslat velkou ránu už na počátku, aby se faraón podřídil. Ale Bůh je trpělivý; vydrží dlouho čekat. Ukázal svou moc a směroval faraóna a jeho lid k poznání Boha, proto začal s menšími ranami.

> *„Vždyť už tehdy, když jsem vztáhl ruku, abych bil tebe i tvůj lid morem, mohl jsi být vyhlazen ze země. Avšak proto jsem tě zachoval, abych na tobě ukázal svou moc a aby se po celé zemi vypravovalo o mém jménu. Stále jednáš proti mému lidu zpupně a nechceš jej propustit. Proto spustím zítra v tuto dobu tak hrozné krupobití, jaké v Egyptě nebylo ode dne jeho vzniku až do nynějška"* (Exodus 9:15-18).

Rány byly větší a větší, ale faraón se stále vyvyšoval nad Izraelce tím, že je nechtěl propustit. Nyní Bůh dopustil sedmou ránu, ránu krupobití.

Bůh řekl faraónovi skrze Mojžíše, že spustí tak hrozné krupobití, jaké v Egyptě nebylo ode dne jeho vzniku. A Bůh dal lidem a dobytku na poli šanci, aby se mohli schovat uvnitř. Předem je varoval před tím, že všichni lidé či dobytek, kteří zůstanou na poli, zemřou kvůli krupobití.

Někteří faraónovi služebníci měli hrůzu z Božího slova a nechali své otroky a dobytek ukrýt se v domech. Ale spousta ostatních strach z Božího slova neměla a nestarala se.

„Kdo si slovo Hospodinovo nevzal k srdci, nechal své otroky a svá stáda na poli" (Exodus 9:21).

Příští den vztáhl Mojžíš svou hůl k nebi a Bůh seslal hromobití a krupobití. Na zemi padal oheň. Jistě to mělo mít devastující dopad na lidi, zvířata, stromy a rostliny na polích. Jak velká to byla rána!

Ale v Exodu 9:31-32 se píše: *„Potlučen byl len a ječmen, protože ječmen byl už v klasech a len nasazoval tobolky. Pšenice a špalda však potlučeny nebyly, protože jsou pozdní."* Škody tak byly částečné.

Celá Egyptská země utrpěla velké škody kvůli krupobití s ohněm, ale nic z toho se nestalo v zemi Gošen.

Duchovní význam rány krupobití

Krupobití se obvykle objevuje bez předchozího upozornění. Nedopadá na velké oblasti, ale spíše lokálně na menší plochy.

Rána krupobití tak symbolizuje některé velké události, které se dějí najednou, ale ne po všech stránkách.

Zde přišlo krupobití s ohněm, které zabilo lidi a zvířata. Byly zničeny rostliny na polích a nezbylo žádné jídlo. Jedná se o případ velké škody na něčím majetku kvůli neočekávaným nehodám.

Někdo může utrpět velkou ztrátu kvůli požáru na pracovišti nebo ve své firmě. Něčí člen rodiny může onemocnět nebo utrpí nehodu a stojí ho celé jmění, než se z toho dostane.

Vezměme si například člověka, který byl věrný Bohu, ale začal se soustředit na své podnikání do té míry, že občas vynechal nedělní bohoslužbu. Nakonec skončil tak, že vůbec nedodržoval Hospodinův svatý den odpočinku.

V důsledku toho jej Bůh nemohl déle ochraňovat a on nyní čelí velkým problémům ve svém podnikání. Může také čelit neočekávané nehodě nebo nemoci a stojí ho to celé jmění. Tento případ se podobá ráně krupobití.

Většina lidí považuje své štěstí za stejně cenné jako svůj život. Ve verši 6:10 z 1. listu Timoteovi se píše, že láska k penězům je kořenem všeho zla. Je tomu tak proto, že touha po penězích vede k vraždám, loupežím, únosům, násilnostem a mnoha dalším zločinům. Někdy se kvůli penězům naruší vztahy mezi bratry a vzniknou spory mezi sousedy. Hlavním důvodem konfliktů mezi zeměmi je rovněž materiální prospěch, protože země usilují o půdu a zdroje.

I někteří věřící neumí překonat pokušení peněz, takže nesvětí Hospodinův svatý den odpočinku či nedávají desátky ve správné výši. Jelikož nevedou správný křesťanský život, vzdalují se od spasení.

Stejně jako krupobití zničí většinu potravy, rána krupobití symbolizuje velké škody na majetku lidí, který je pokládán za stejně vzácný jako jejich život. Ale stejně jako krupobití dopadá pouze na některé plochy, lidé neztrácejí celé své jmění.

Na základě této skutečnosti můžeme také vnímat Boží lásku. Pokud bychom ztratili všechen svůj majetek a vše co máme, pak bychom to mohli vzdát a dokonce spáchat sebevraždu. Proto se Bůh nejdříve dotýká jen části.

I když se jedná jen o část, je to natolik významné a důležité, abychom mohli nakonec dospět k určitému poznání. Krupobití dopadající na Egypt nebylo pouhými malými kousky ledu. Bylo to docela velké a silné krupobití.

I v dnešní době noviny píší o kroupách velikosti golfového míčku, které způsobily poplach a údiv u mnoha lidí. Kroupy, které dopadaly na Egypt, byly výsledkem zvláštního Božího působení a byly doprovázeny ohněm. Byla to strašlivá událost.

Rána krupobití přišla proto, že faraón vršil zlo na zlo. Máme-li zatvrzelé srdce a jsme-li tvrdohlaví, můžeme čelit stejné ráně.

Kobylky

Stromy a rostliny byly zničeny, zvířata a dokonce lidé následkem krupobití zemřeli. Faraón nakonec uznal svou chybu.

> *Tu si farao dal předvolat Mojžíše a Árona a řekl jim: „Opět jsem zhřešil. Hospodin je spravedlivý, a já i můj lid jsme svévolníci"* (Exodus 9:27).

Faraón kvapně činil pokání a prosil Mojžíše, aby zastavil krupobití.

> *„Proste Hospodina. Božího hromobití a krupobití je už dost. Propustím vás, nemusíte tu už dál zůstat"* (Exodus 9:28).

Mojžíš věděl, že faraón stále nezměnil své smýšlení, ale aby mu umožnil poznat živého Boha a to, že celý svět je v Božích rukou, pozvedl své ruce k nebi.

Jak Mojžíš očekával, jakmile déšť, hromobití a krupobití ustalo, faraón změnil názor. Protože se neobrátil z hloubi svého srdce, zůstal neoblomný a Izraelce nepropustil.

Faraónovi služebníci zatvrdili svá srdce také. Poté jim Mojžíš s Áronem řekli, že přiletí kobylky, jak jim řekl Bůh, a varovali je, že to bude jedna z největších ran, jaká na zemi ještě nebyla.

> *„Přikryjí povrch země, takže nebude možno zemi*

ani vidět" (Exodus 10:5).

Nato dostali faraónovi služebníci strach a řekli králi: *„Propusť ty muže, ať slouží Hospodinu, svému Bohu. Což jsi dosud nepoznal, že hrozí Egyptu zánik?"* (Exodus 10:7).

Po těchto slovech si faraón dal znovu zavolat Mojžíše s Áronem. Ale Mojžíš mu řekl, že půjdou se svou mládeží i se starci, se svými syny i dcerami, se svým bravem i skotem, neboť mají slavnost Hospodinovu. Faraón však řekl, že Mojžíš s Áronem si zamanuli špatnou věc a vyhnal je pryč.

Bůh pak dopustil osmou ránu, ránu kobylek.

Hospodin řekl Mojžíšovi: „Vztáhni nad egyptskou zemi ruku, aby přilétly na egyptskou zemi kobylky a sežraly všechny byliny země, všechno, co zůstalo po krupobití" (Exodus 10:12).

Jakmile Mojžíš udělal, co Bůh řekl, Bůh přihnal na zemi východní vítr, a ten vál celý den a celou noc; když nastalo jitro, přinesl východní vítr kobylky.

Kobylek bylo tak mnoho, až se na zemi zatmělo. Sežrali všechny rostliny v Egyptě, které zůstaly po krupobití, a v egyptské zemi nezbylo nic zeleného.

„Zhřešil jsem proti Hospodinu, vašemu Bohu, i proti vám. Sejmi prosím můj hřích ještě tentokrát a proste Hospodina, svého Boha, aby jen odvrátil ode

mne tuto smrt" (Exodus 10:16-17).

Když se jeho obava naplnila, faraón urychleně poslal pro Mojžíše s Áronem, aby je požádal o zastavení této rány.

Jakmile Mojžíš vyšel ven a modlil se k Bohu, zavál silný západní vítr a vrhl všechny kobylky do Rudého moře. A na celém egyptském území nezůstala ani jedna kobylka. Ale i tentokrát faraón zatvrdil své srdce a Izraelce nepropustil.

Duchovní význam rány kobylek

Jedna kobylka je malý hmyz, ale když se spojí do velkého hejna, dosáhnou kobylky devastující síly. Egypt byl v okamžiku kobylkami téměř zničen.

„Kobylky přilétly na celou egyptskou zemi a spustily se na celé území Egypta v takovém množství, že tolik kobylek nebylo nikdy předtím ani potom. Přikryly povrch celé země, až se na zemi zatmělo, a sežraly všechny byliny na zemi i všechno ovoce na stromech, co zbylo po krupobití. Na stromech a na polních bylinách po celé egyptské zemi nezbylo nic zeleného" (Exodus 10:14-15).

I dnes se můžeme setkat s těmito hejny v Africe a Indii. Kobylky se šíří v pásu 40 km širokém a 8 km dlouhém. Milióny kobylek přilétají jako mrak a sežerou nejen úrodu, ale i rostliny a listy; za sebou nenechají žádnou vegetaci.

Po krupobití ještě něco zbylo. Pšenice a špalda nebyly potlučeny, protože jsou pozdní. Také někteří služebníci faraóna, kteří se báli Hospodina, nechali své služebníky a jejich dobytek schovat se do domů, a ti tak zničeni nebyli.

Kobylky samy o sobě tak nevypadají, ale škoda je po nich mnohem větší, než u rány krupobití. Snědli vše, i věci, které zbyly.

Rána kobylek se proto vztahuje k takové pohromě, po které nic nezůstane a která sebere všechen majetek a vlastnictví. Zničí nejen rodinu, ale také zaměstnání a podnikání.

Na rozdíl od rány krupobití, která působí částečné škody, rána kobylek ničí vše a bere všechny peníze. Jinými slovy, člověk je finančně úplně zničen.

Například, člověk kvůli bankrotu přijde o veškerý majetek a musí se separovat od rodiny. Někdo může trpět dlouhodobou nemocí a ztratí veškeré své jmění. Někdo se dostane do velkých dluhů, protože se nedařilo jeho dětem.

Když někteří lidé čelí nepřetržitým pohromám, myslí si, že jde o shodu okolností, ale v Božích očích shoda okolností neexistuje. Když někdo čelí škodám nebo onemocní, musí pro to existovat důvod.

Co to znamená, když věřící člověk čelí takové pohromě? Když slyší Boží slovo a poznává Boží vůli, musí se podle Slova chovat. Pokud ale lpí na zlém jednání, podobně jako nevěřící člověk, nemůže se těmto ranám vyhnout.

Pokud nepoznají, že jim Bůh několikrát dává znamení, Bůh od nich odvrátí svou tvář. Pak se z nemoci může stát mor nebo se mohou rozšířit vředy. Později mohou čelit ranám jako krupobití nebo kobylky.

Ale ti rozumní pochopí, že je to Boží láska, který jim dovoluje uvědomit si jejich chyby, když ještě čelí menším pohromám. Rychle činí pokání a vyhnou se větším ranám.

Toto je skutečný příběh. Jedna osoba čelila velkým nesnázím, pro které rozzlobila Boha. Jednou se tento člověk dostal do velkých dluhů kvůli požáru. Jeho žena nemohla vydržet tlak věřitelů a pokusila se o sebevraždu. V té době však poznali Boha a začali navštěvovat církev.

Poté, co se poradili se mnou, začali se řídit Božím slovem a modlit se. Zalíbili se Bohu dobrovolnickými pracemi v církvi. Jejich problémy pak byly jeden po druhém vyřešeny a oni již nemuseli trpět před věřiteli. Navíc zaplatili všechny své dluhy. Dokonce byli schopni postavit komerční budovu a koupit dům.

Ale jakmile se všechny jejich problémy vyřešily a oni dostali požehnání, jejich srdce se změnila. Zapomněli na Boží milost a začali se znovu chovat jako nevěřící.

Jednoho dne se část budovy, kterou vlastnil manžel, zřítila kvůli záplavám. Znovu je postihl požár a manžel přišel o všechny peníze. Protože se znovu dostali do velkých dluhů, museli se vrátit do rodného města na venkově. Muž také dostal cukrovku a trpěl s tím spojenými komplikacemi.

Podobně jako v tomto případě, pokud nám nezbude nic poté, co vyzkoušíme vše na základě svých schopností a znalostí, musíme přijít s pokorným srdcem před Boha. Pokud budeme přemítat o Božím slově, činit pokání ze svých hříchů a odvrátíme se od zlého, získáme vše zpět.

Budeme-li mít víru přijít před Boha a svěřit každou záležitost do jeho rukou, Bůh lásky, který nedolomí nalomenou třtinu, nám odpustí a uzdraví nás. Pokud se obrátíme a budeme žít ve světle, Bůh nás znovu povede ke zdaru a dá nám ještě větší požehnání.

6. kapitola

Temnota a smrt prvorozených

Exodus 10:22-12:36

Mojžíš vztáhl ruku k nebi. Tu nastala po celé egyptské zemi tma tmoucí a trvala po tři dny. Lidé neviděli jeden druhého; po tři dny se nikdo neodvážil hnout ze svého místa. Ale všichni Izraelci měli ve svých obydlích světlo (10:22-23).

Když nastala půlnoc, pobil Hospodin v egyptské zemi všechno prvorozené, od prvorozeného syna faraónova, který seděl na jeho trůnu, až po prvorozeného syna zajatce v žalářní kobce, i všechno prvorozené z dobytka. Tu farao v noci vstal, i všichni jeho služebníci a všichni Egypťané, a v celém Egyptě nastal veliký křik, protože nebylo domu, kde by nebyl mrtvý (12:29-30).

V Bibli můžeme vidět, že když lidé čelí obtížím, mnoho z nich činí před Bohem pokání a dostává jeho pomoc.

Hospodin poslal svého proroka k Chizkijášovi, králi judskému a řekl mu: „Zemřeš, nebudeš žít." Ale král se usilovně modlil a jeho život byl prodloužen.

Ninive bylo hlavním městem Asýrie, což byla nepřátelská země vůči Izraeli. Když zdejší lidé uslyšeli slovo od Boha skrze proroka, činili důkladné pokání ze svých hříchů a nebyli zničeni.

Podobně Bůh dává svou milost těm, kdo se obrátí. Hledá ty, kteří hledají jeho milost, a dává jim ještě více milosti.

Faraón trpěl různými ranami kvůli svému vlastnímu zlu, ale až do konce se neobrátil. Čím více zatvrzoval své srdce, tím větší rány na něj přicházely.

Temnota

Někteří lidé říkají, že by raději nechtěli žít, než by měli prohrát. Věří ve své vlastní síly. Faraón patřil mezi takové lidi. Myslel si o sobě, že je bůh, a proto nechtěl uznat Boha Hospodina.

Nepropustil Izraelce ani tehdy, když viděl, že je celý Egypt zničen. Choval se tak, jako by s Bohem bojoval. Pak na něj Bůh uvalil ránu temnoty.

„Mojžíš vztáhl ruku k nebi. Tu nastala po celé egyptské zemi tma tmoucí a trvala po tři dny. Lidé

neviděli jeden druhého; po tři dny se nikdo neodvážil hnout ze svého místa. Ale všichni Izraelci měli ve svých obydlích světlo" (10:22-23).

Tma byla tak hustá, že lidé neviděli jeden druhého. Nikdo nevstával a neodcházel z místa, kde byl, po tři dny. Jak můžeme vyjádřit plný rozsah strachu a nepohodlí, které museli zažívat po tři dny?

Hustá tma pokryla celý Egypt a lidé museli chodit jako slepí, ale synové Izraele v zemi Gošen měli ve svých obydlích světlo.

Faraón zavolal Mojžíše a řekl, že Izraelce propustí. Chtěl však, ať v Egyptě zanechají brav a skot a vezmou s sebou pouze syny a dcery. Ve skutečnosti bylo jeho záměrem Izraelce nepropustit.

Mojžíš ale řekl, že musí mít s sebou všechna zvířata jako oběť Hospodinu, a že v Egyptě nemohou ani jediné z nich nechat, protože ještě neví, čím budou Bohu sloužit, dokud tam nebudou.

Faraón se znovu rozzlobil a dokonce Mojžíšovi vyhrožoval slovy: „Dej si pozor, ať mi už nepřijdeš na oči. Neboť v den, kdy mi přijdeš na oči, zemřeš!"

Mojžíš odvážně odpověděl: „Jak jsi řekl. Už ti na oči nepřijdu." A odešel.

Duchovní význam rány temnoty

Duchovním významem rány temnoty je duchovní temnota a

vztahuje se k ráně těsně před smrtí.

Jedná se o případ, kdy je nemoc tak vážná, že se člověk nemůže uzdravit. Je to druh rány, která přichází na ty, kdo nečiní pokání ani poté, co ztratili všechno své jmění, které je pro ně jako jejich život.

Stát na prahu smrti je jako stát na okraji útesu v úplné tmě a nemít žádné východisko z této kritické situace. Z duchovního hlediska jde o to, že člověk opustil Boha a skoncoval se svou vírou, proto je mu odňata Boží milost a jeho duchovní život se chýlí ke konci. Ale Bůh s ním má stále soucit a život mu nebere.

Nevěřící člověk může takové situaci čelit proto, že ještě nepřijal Boha i poté, co utrpí mnoho různých pohrom. V případě věřícího je to proto, že nedodržuje Boží slovo, nýbrž vrší zlo na zlo.

Často vidíme lidi, kteří utrácejí celé jmění na vyléčení svých nemocí, ale zatím stále očekávají smrt. Jsou to ti, kdo jsou postiženi ranou temnoty.

Trpí rovněž neurotickými problémy v podobě deprese, nespavosti a nervového zhroucení. Cítí se bezmocní ve své stále pokračující každodenní existenci.

Pokud si uvědomí své zlo, činí z něj pokání a odvrací se od něho, Bůh jim požehná milostí a odejme z nich jejich strašná muka.

Faraón však zatvrdil své srdce ještě více a stál proti Bohu až do samotného konce. Dnes je to stejné. Někteří tvrdohlaví lidé za žádných okolností nepřicházejí k Bohu bez ohledu na to, v jakých problémech se nacházejí. Ani tehdy, když jsou oni sami či členové jejich rodin postiženi vážnou nemocí, ztratí veškerý svůj majetek a jejich životy jsou v ohrožení, nechtějí činit před Bohem pokání.

Budeme-li nadále stát proti Bohu i uprostřed mnoha pohrom, nakonec na nás dopadne rána smrti.

Smrt prvorozených

Jak čteme v knize Exodus, Bůh řekl Mojžíšovi, co se stane dál.

„Ještě jednu ránu uvedu na faraóna a na Egypt. Potom vás odtud propustí, nadobro vyhostí, přímo vás odtud vyžene. Vybídni lid, ať si vyžádá každý muž od svého souseda a každá žena od své sousedky stříbrné a zlaté šperky" (Exodus 11:1-2).

Mojžíš by mohl být zabit, kdyby znovu předstoupil před faraóna, přesto k němu přišel ještě jednou a tlumočil mu Boží vůli.

„Všichni prvorození v egyptské zemi zemřou, od prvorozeného syna faraónova, který sedí na jeho trůnu, po prvorozeného syna otrokyně, která mele na mlýnku, i všechno prvorozené z dobytka. Po celé egyptské zemi se bude rozléhat veliký křik, jakého

nebylo a už nebude" (Exodus 11:5-6).

Jak bylo řečeno, v noci zemřeli všichni prvorození, nejen děti faraóna a jeho služebníků, ale všech lidí v Egyptě; pomřelo také vše prvorozené z dobytka.

Po celém Egyptě se rozléhal veliký křik, protože nebyl dům, ve kterém by nezemřel prvorozený. Protože faraón zatvrdil své srdce až do konce a neobrátil se, přišla rána smrti i na něj.

Duchovní význam rány smrti prvorozených

Smrt prvorozených se vztahuje k situaci, kdy člověk sám nebo jeho nejbližší či nejmilovanější, zejména dítě či některý člen jeho rodiny zemře nebo se dostane na cestu úplné zkázy a není schopen přijmout spasení.

Podobný případ můžeme nalézt i v Bibli. Saul, první král Izraele, neuposlechl Boží slovo, aby zničil vše v Amáleku. Také projevil svou aroganci tím, že sám obětoval Bohu, což mohli udělat jen kněží. Nakonec jej Bůh opustil.

Za této situace se snažil zavraždit svého věrného sluhu Davida, místo aby uznal své hříchy a kál se. Když lid následoval Davida, upadal hlouběji a hlouběji do zla a myslel si, že se David staví proti němu.

Když mu David hrával na harfu, hodil po něm Saul několikrát kopím, aby jej zabil. Také Davida poslal do bitvy, kterou nebylo možné vyhrát. Dokonce poslal vojáky až do Davidova doma, aby jej zabili.

Navíc zabil Hospodinovy kněží jen proto, že Davidovi pomáhali. Nahromadil spoustu zlých skutků. Nakonec prohrál bitvu a zemřel bídnou smrtí. Zabil se vlastní rukou.

A co kněz Élí a jeho synové? Élí byl knězem v Izraeli v době soudců a měl být lidu dobrým příkladem. Ale jeho synové Chofní a Pinchas byli ničemníci a neznali se k Hospodinu (1 Samuelova 2:12).

Jelikož byl jejich otec knězem, museli také sloužit Bohu, ale oni opovrhovali obětováním Hospodinu. Dotýkali se masa obětin předtím, než bylo dáno Hospodinu a dokonce spali s ženami, které sloužily u vchodu do stanu setkávání.

Jestliže se děti vydají špatnou cestou, rodiče je musí pokárat a pokud neposlouchají, musí zavést přísnější opatření, jak své děti zastavit. Je to povinnost a výraz skutečné lásky rodičů. Ale kněz Élí pouze řekl: „Proč děláte takové věci? To nejde." Jeho synové se neodvrátili od svých hříchů a na jeho rodinu padla kletba. Jeho dva synové byli zabiti ve válce.

Když Élí uslyšel tyto zprávy, spadl ze stolce, zlomil si vaz a zemřel. Také jeho snacha dostala šok, předčasně porodila a zemřela.

Na těchto příkladech můžeme vidět, že prokletí či tragická smrt nepřichází bez příčiny.

Jestliže někdo žije svůj život v neposlušnosti Božího slova, může on či členové jeho rodiny čelit smrti. Někteří lidé přicházejí před Boha až tehdy, co se s takovou smrtí setkali.

Pokud se neodvrátí ani poté, co čelí ráně smrti prvorozených, nemohou být navěky spaseni, a to je ta největší rána. Proto musíte činit pokání ze svých hříchů dříve, než přijde jakákoli rána nebo pokud už rána přišla, dříve než je pozdě.

Faraón uznal Boha se strachem a propustil Izraelský lid až poté, co utrpěl všech deset ran.

> *Ještě v noci povolal [faraón] Mojžíše a Árona a řekl: „Seberte se a odejděte z mého lidu, vy i Izraelci. Jděte, služte Hospodinu, jak jste žádali. Vezměte také svůj brav i skot, jak jste žádali, a jděte. Vyproste požehnání i pro mne"* (Exodus 12:31-32).

Faraón skrze deset ran jasně ukázal své zatvrzelé srdce a byl přinucen propustit Izraelce. Avšak brzy toho litoval. Znovu změnil svůj názor. Vzal celou svou armádu a válečné vozy a začal pronásledovat Izraelce.

> *„Farao dal zapřáhnout do svého válečného vozu a vzal s sebou svůj lid. Vzal též šest set vybraných vozů, totiž všechny vozy egyptské. Na všech byla tříčlenná osádka. Hospodin zatvrdil srdce faraóna, krále egyptského, a ten Izraelce pronásledoval. Ale Izraelci navzdory všemu vyšli"* (Exodus 14:6-8).

Bylo dobré, když se podvolil Hospodinu poté, co zažil smrt prvorozených, ale brzy začal litovat, že Izraelce propustil. Sebral svou armádu a pronásledoval je. Můžeme vidět, jak zatvrzelé a lstivé může srdce člověka být. Bůh mu nakonec neodpustil a neměl jinou možnost, než je nechat utopit ve vodách Rudého moře.

> *Hospodin řekl Mojžíšovi: „Vztáhni ruku nad moře! Vody se obrátí na Egypťany, na jejich vozy a jízdu." Mojžíš vztáhl ruku nad moře, a když nastávalo jitro, moře opět nabylo své moci. Egypťané utíkali proti němu a Hospodin je vehnal doprostřed moře. Vody se vrátily, přikryly vozy i jízdu celého faraónova vojska, které vešlo za Izraelci do moře. Nezůstal z nich ani jediný* (Exodus 14:26-28).

I dnes budou zlí lidé žadonit o šanci, když se dostanou do obtížné situace. Ale když ji skutečně dostanou, vrátí se zpět ke zlu. Jestliže zlo pokračuje touto cestou, budou tito lidé nakonec čelit smrti.

Život v poslušnosti a život v neposlušnosti

Musíme jasně pochopit jednu důležitou věc, a to že když děláme zlé věci a uvědomíme si to, nesmíme nadále vršit zlo na zlo, ale musíme jít cestou spravedlnosti.

1 Petrův 5:8-9 říká: *„Buďte střízliví! Buďte bdělí! Váš protivník, ďábel, obchází jako ‚lev řvoucí' a hledá, koho by pohltil. Vzepřete se mu, zakotveni ve víře, a pamatujte, že vaši bratří všude ve světě procházejí týmž utrpením jako vy."*

1 Janův 5:18 také říká: *„Víme, že nikdo, kdo se narodil z Boha, nehřeší, ale Syn Boží jej chrání a Zlý se ho ani nedotkne."*

Proto, jestliže nebudeme páchat hříchy, ale budeme dokonale žít podle Božího slova, Bůh nás ochrání svýma planoucíma očima, takže se nebudeme muset ničeho bát.

Okolo sebe můžeme vidět lidi, kteří čelí mnoha pohromám, ale vůbec netuší, proč jim čelí. Také můžeme vidět, že mnoho křesťanů trpí tíživou životní situací.

Někteří čelí ranám krve či komárů, jiní ranám krupobití či kobylek. Další se potýkají s ranou smrti prvorozených a navíc s ranou pohřbení ve vodě.

Proto bychom neměli žít život v neposlušnosti jako faraón, ale život v poslušnosti, abychom takovým ranám čelit nemuseli.

Dokonce tehdy, kdy čelíme ráně smrti prvorozených nebo ráně temnoty, nám může být odpuštěno, pokud činíme pokání a odvrátíme se hned od hříchu. Stejně jako byla egyptská armáda pohřbená v Rudém moři, tak pokud se ještě zdržíme a neobrátíme se, přijde čas, kdy už bude příliš pozdě.

O životě v
poslušnosti

Jestliže budeš opravdově poslouchat Hospodina, svého Boha, a bedlivě dodržovat všechny jeho příkazy, které ti dnes udílím, vyvýší tě Hospodin, tvůj Bůh, nad všechny pronárody země. A spočinou na tobě všechna tato požehnání, když budeš poslouchat Hospodina, svého Boha: Požehnaný budeš ve městě a požehnaný budeš na poli. Požehnaný bude plod tvého života i plodiny tvé role, plod tvého dobytka, vrh tvého skotu a přírůstek tvého bravu. Požehnaný bude tvůj koš a tvá díže. Požehnaný budeš při svém vcházení a požehnaný při svém vycházení (Deuteronomium 28:1-6).

7. kapitola

Hod beránka a cesta spasení

Exodus 12:1-28

Hospodin řekl Mojžíšovi a Áronovi v egyptské zemi: „Tento měsíc bude pro vás začátkem měsíců. Bude pro vás prvním měsícem v roce. Vyhlaste celé izraelské pospolitosti: Desátého dne tohoto měsíce si každý vezmete beránka podle svých rodů, beránka na rodinu" (1-3).

„Budete jej opatrovat až do čtrnáctého dne tohoto měsíce. Navečer bude celé shromáždění izraelské pospolitosti beránky zabíjet. Pak vezmou trochu krve a potřou jí obě veřeje i nadpraží u domů, v nichž jej budou jíst. Tu noc budou jíst maso upečené na ohni a k němu budou jíst nekvašené chleby s hořkými bylinami. Nebudete z něho jíst nic syrového ani vařeného ve vodě, nýbrž jen upečené na ohni s hlavou i s nohama a vnitřnostmi. Nic z něho nenecháte do rána. Co z něho zůstane do rána, spálíte ohněm. Budete jej jíst takto: Budete mít přepásaná bedra, opánky na nohou a hůl v ruce. Sníte jej ve chvatu. To bude Hospodinův hod beránka" (6-11).

Faraón a jeho služebníci dosud žili v neposlušnosti vůči Božímu slovu.

Výsledkem byly menší rány po celé egyptské zemi. Když i nadále neposlouchali, propukly nemoci, zmizel jejich majetek a nakonec ztratili i své životy.

Naproti tomu, i když Izraelci žili ve stejné egyptské zemi, vyvolený lid žádnou z těchto ran netrpěl.

Když se Bůh dotkl života lidí v Egyptě poslední ranou, žádný Izraelec život neztratil. Bylo to z toho důvodu, že Bůh nechal Izraelský lid poznat cestu spásy.

To se netýká jen Izraelců před mnoha tisícovkami let, ale stejně tak to dnes platí i pro nás.

Jak se vyhnout ráně smrti prvorozených

Před uvalením rány smrti prvorozených v egyptské zemi Bůh řekl Izraelcům, jak se mají této ráně vyhnout.

> *Vyhlaste celé izraelské pospolitosti: „Desátého dne tohoto měsíce si každý vezmete beránka podle svých rodů, beránka na rodinu"* (Exodus 12:3).

Od rány krve po ránu temnoty Hospodin ochránil Izraelský lid svou mocí, i když ten sám nemusel udělat vůbec nic. Ale před poslední ranou Bůh od lidu Izraele požadoval skutek poslušnosti.

Měli si vzít beránka a trochou jeho krve potřít obě veřeje a nadpraží u domů a jíst maso upečené na ohni. Toto znamení mělo odlišit Boží lid, až Bůh pobije všechno prvorozené v Egyptě, od lidí až po dobytek.

Protože se poslední rána vyhnula domům, které byly potřeny krví beránka, Židé stále slaví tento den jako hod beránka, den, kdy byli zachráněni.

Hod beránka je dnes největším židovským svátkem. Židé jedí na oslavu tohoto dne jehněčí, nekvašený chléb a hořké byliny. Více podrobností naleznete v 8. kapitole.

Vezměte beránka

Bůh jim řekl, aby vzali beránka, protože beránek v duchovním významu znamená Ježíše Krista.

Lidem, kteří věří v Boha, se obecně říká Boží ‚ovce.' Mnoho lidí si myslí, že ‚beránek' znamená ‚nový věřící', ale v Bibli můžeme vidět, že slovo ‚beránek' se vztahuje na Ježíše Krista.

V Janově evangeliu 1:29 Jan Křtitel říká o Ježíšovi: *„Hle, beránek Boží, který snímá hřích světa!"* 1 Petrův 1:18-20 říká: *„Víte přece, že jste z prázdnoty svého způsobu života, jak jste jej přejali od otců, nebyli vykoupeni pomíjitelnými věcmi, stříbrem nebo zlatem, nýbrž převzácnou krví Kristovou. On jako beránek bez vady a bez poskvrny byl k tomu předem vyhlédnut před stvořením světa a přišel kvůli vám na konci časů."*

Ježíšova osobnost a skutky nám připomínají mírného beránka. V Matoušově evangeliu 12:19-20 se rovněž píše: *„Nebude se přít ani rozkřikovat, na ulicích nikdo neuslyší jeho hlas. Nalomenou třtinu nedolomí a doutnající knot neuhasí, až dovede právo k vítězství."*

Stejně jako ovce poslouchají pouze hlas svého pastýře a jdou za ním, Ježíš poslouchal Boha se slovy ‚Ano' a ‚Amen' (Zjevení 3:14). Do doby, než zemřel na kříži, toužil naplňovat Boží vůli (Lukáš 22:42).

Beránek nám dává měkkou vlnu, vysoce výživné mléko a maso. Podobně byl i Ježíš nabídnut jako oběť usmíření, která nás má usmířit s Bohem, protože on prolil všechnu svou vodu a krev na kříži.

A tak je Ježíš na mnoha místech v Bibli připodobňován k beránku. Když Bůh dával Izraelcům pokyny k hodu beránka, podrobně jim také popsal, jak mají beránka jíst.

> *„Kdyby byla rodina malá a na beránka by nestačila, přibere si každý souseda, který bydlí nejblíže jeho rodiny, aby doplnil počet osob. Podle toho, kolik kdo sní, stanovíte počet na beránka. Budete mít beránka bez vady, ročního samce. Vezmete jej z ovcí nebo z koz"* (Exodus 12:4-5).

Pokud by byli příliš chudí nebo pokud by v rodině nebylo dostatek lidí, aby snědli celého beránka, měli vzít jednoho samce z ovcí nebo koz a sníst ho se sousedící rodinou. Můžeme z toho vnímat vzácnou lásku Boha, který oplývá soucitem.

Důvod, proč jim Hospodin řekl, aby vzali ročního samce bez vady, je ten, že jeho maso je v té době nejchutnější, protože se ještě nespářil. Stejně jako u lidí je to čas mládí, kdy je nejkrásnější a nejčistší.

Bůh jim řekl, aby vzali beránka v jeho nejkrásnějším věku jednoho roku, protože Bůh je svatý bez vady a poskvrny.

Použijte trochu krve a nevycházejte až do rána

Bůh jim nařídil, aby vzali beránka podle počtu členů své domácnosti. V knize Exodus 12:6 čteme, že beránka neměli zabít ihned, ale až navečer čtrnáctého dne. Bůh jim dal čas, aby se mohli připravit s veškerou upřímností ve svých srdcích.

Proč jim Hospodin řekl, aby jej zabili až navečer?

Tříbení člověka, které začalo neposlušností Adama, můžeme obecně rozdělit do tří částí. Od Adama k Abrahamovi to je okolo 2000 let a tato doba je počátečním stádiem tříbení člověka. Pokud to vztáhneme na jeden den, jedná se o ráno.

Poté Bůh ustanovil Abrahama jako otce víry a od Abrahamových časů do doby, kdy přišel na zem Ježíš, to je také asi 2000 let. Je to jako denní doba.

Od doby, kdy Ježíš přišel na tuto zem, až dodnes uplynulo

také 2000 let. Je to konečný čas lidského tříbení a soumrak dne (1 Janův 2:18, Judův 1:18; Židům 1:2; 1 Petrův 1:5; 20).

Doba, kdy Ježíš přišel na tuto zem a vykoupil nás z hříchů svou smrtí na kříži, patří k poslední etapě lidského tříbení, a proto jim Bůh nařizuje zabít beránka navečer a ne během dne.

Pak lidé měli potřít krví beránka obě veřeje a nadpraží u domů (Exodus 12:7). Krev beránka se duchovně vztahuje ke krvi Ježíše Krista. Bůh jim řekl, aby krví potřeli veřeje a nadpraží, jelikož jsme zachráněni Ježíšovou krví. Prolitím krve a smrtí na kříži nás Ježíš vykoupil z našich hříchů a zachránil naše životy; to je ten duchovní význam.

Protože naše hříchy byly vykoupeny svatou krví, neměl se jí potírat práh, na kterém lidé stojí, pouze veřeje a nadpraží.

Ježíš řekl: „*Já jsem dveře. Kdo vejde skrze mne, bude zachráněn, bude vcházet i vycházet a nalezne pastvu*" (Jan 10:9). Jak bylo řečeno, v noci, kdy měla proběhnout rána smrti prvorozených, všechny domácnosti bez označení krví pocítily smrt, ale domácnosti, které byly krví označeny, byly před smrtí zachráněny.

Ale i když použili krev beránka, nemohli být zachráněni, pokud vyšli ze dveří svého domu (Exodus 12:22). Pokud vyšli ze dveří svého domu, neměli nic společného s Boží smlouvou a museli čelit ráně smrti prvorozených.

Prostor za dveřmi duchovně symbolizuje temnotu, která nemá nic co do činění s Bohem. Je to svět lži. Stejně tak dnes nemůžeme být Bohem spaseni, pokud ho přijmeme, ale pak ho zase opustíme.

Beránka upečte na ohni a snězte jej celého

V domácnostech Egypťanů bylo mnoho mrtvých a mnoho pláče. Počínaje faraónem, který se nebál Boha i přes mnohé mocné skutky, které všem Egypťanům Bůh ukázal, ticho tmavé noci prořízl velký pláč.

Izraelci až do rána neměli vycházet ze dveří. Jedli beránka podle Hospodinova slova. Jaký je důvod toho, že jedli maso beránka uprostřed noci? Je v tom ukryt hluboký duchovní význam.

Předtím, než pojedl ze stromu poznání dobrého a zlého, žil Adam pod vládou Boha, který je světlo, ale jakmile neuposlechl a pojedl ze stromu, stal se otrokem hříchu. Kvůli tomu se všichni jeho potomci, celé lidstvo, dostali pod nadvládu nepřítele ďábla a satana, vládce temnoty. Proto je tento svět plný temnoty a noci.

Stejně jako Izraelci měli jíst beránka uprostřed noci, my, kteří duchovně žijeme ve světě temnoty, máme jíst tělo Syna člověka, kterým je slovo Boha, jenž je Světlo, a pít jeho krev, abychom dosáhli spasení. Bůh jim podrobně řekl, jak mají jíst beránka. Měli jej jíst s nekvašeným chlebem a hořkými bylinami (Exodus 12:8).

Kvasnice jsou druh houby, používají se ke kynutí chleba a

způsobují jeho kvašení tak, aby byl chutnější a jemnější. Chléb bez kvasnic je méně chutný než chleba udělaný s nimi.

Protože se jednalo o tak zoufalou situaci, kdy nevěděli, zda budou či nebudou žít, Bůh je nechal jíst beránka s méně chutným nekvašeným chlebem a hořkými bylinami, aby si tento den pamatovali.

Kvasnice lze v duchovním smyslu také vztáhnout ke hříchům a zlu. Proto ‚jíst nekvašený chléb, který je bez kvasnic' symbolizuje to, že musíme odstranit hříchy a zlo, abychom mohli přijmout spasení života.

> *A Bůh jim řekl, aby beránka upekli na ohni, neměli z něj jíst nic syrového či vařeného ve vodě, a měli jej sníst celého, s hlavou, nohama i vnitřnostmi* (Exodus 12:9).

‚Jíst syrového' zde znamená doslova vykládat drahocenné Boží slovo.

Například v Matoušově evangeliu 6:6 stojí: *„Když se modlíš, vejdi do svého pokojíku, zavři za sebou dveře a modli se k svému Otci, který zůstává skryt; a tvůj Otec, který vidí, co je skryto, ti odplatí."* Pokud bychom to vykládali doslova, museli bychom vejít do pokojíku, zavřít dveře a modlit se. Ale nikde v Bibli nenajdeme žádného Božího muže, který by se modlil v pokojíku za zavřenými dveřmi.

‚Vejít do pokojíku a modlit se' duchovně znamená, že nemáme mít žádné prázdné myšlenky, ale máme se modlit celým srdcem.

Pokud budeme ve své stravě jíst syrové maso, můžeme dostat infekci z parazitů nebo nás může začít bolet žaludek. Jestliže budeme Boží slovo vykládat doslova, dovede nás to k špatnému pochopení a povede to k problémům. Pak nemůžeme mít duchovní víru, takže nás to může dokonce odvést dál od spasení.

,Vařit ve vodě' znamená ,přidávat k Božímu slovu filozofii, vědu, lékařskou vědu nebo lidské myšlenky.' Jestliže vaříme maso ve vodě, vyteče z něho šťáva a dojde k velkému úbytku živin. Stejně tak, pokud ke slovu pravdy přidáme znalosti tohoto světa, můžeme mít nějakou víru ve formě poznání, ale nebudeme mít duchovní víru. Proto nás to nepovede ke spasení.

Co to znamená péct beránka na ohni?
,Oheň' zde znamená ,oheň Ducha svatého.' Boží slovo bylo tudíž sepsáno s inspirací Duchem svatým, a proto jej musíme číst a poslouchat v plnosti a inspiraci Duchem svatým. Jinak to bude jen kus poznání a my nedostaneme duchovní stravu.

Abychom mohli jíst Boží slovo opečené na ohni, musíme to dělat s vroucími modlitbami. Modlitba je jako olej a je to zdroj, který nám poskytuje naplnění Duchem svatým. Když budeme Boží slovo brát inspirováni Duchem svatým, Slovo bude sladší než med. To znamená, že Slovo posloucháme s žíznícím srdcem jako laň dychtící po bystré vodě. Tak vnímáme, že čas určený k naslouchání Božímu slovu je vzácný a nikdy nám nebude připadat nudný.

Když při poslouchání Božího slova uplatňujeme lidské

myšlenky či svou vlastní zkušenost a znalosti, nebudeme mnoha věcem rozumět.

Například, Bůh nám říká, že pokud nás někdo uhodí do pravé tváře, máme mu nastavit i druhou a pokud nás někdo požádá o košili, máme mu dát i plášť a pokud nás někdo donutí k službě na jednu míli, máme s ním jít dvě. Mnoho lidí si také myslí, že pomsta je správná, ale Bůh říká, abychom milovali své nepřátele, byli pokorní a sloužili druhým (Matouš 5:39-44).

Proto se máme odpoutat od svých myšlenek a brát si Boží slovo pouze inspirováni Duchem svatým. Pouze tehdy se Boží slovo stane naším životem a silou do té míry, abychom byli schopni odvrhnout lež a nechat se vést cestou věčného života.

Maso připravené na ohni chutná lépe a zabrání se tak infekci. Stejně tak nepřítel ďábel a satan nemůže působit na ty, kteří berou Boží slovo duchovně s pocitem, že je sladší než med.

Dále jim Bůh řekl, že mají sníst hlavu, nohy a vnitřnosti. To znamená, že musíme brát všech 66 knih v Bibli, aniž bychom jakoukoli z nich vynechali.

Bible popisuje původ stvoření a prozíravost tříbení člověka. Dále popisuje způsoby, jak se stát skutečnými Božími dětmi. Obsahuje prozíravost spasení, které před námi bylo skryto ještě před počátkem věků. Bible obsahuje Boží vůli.

‚Sníst hlavu, nohy a vnitřnosti' proto znamená, že máme brát Bibli jako celek, od knihy Genesis až po Zjevení.

Nic z něho nenecháte do rána, jezte ve spěchu

Izraelský lid jedl beránka pečeného na ohni a nic z něho nenechal do rána, protože v Exodu 12:10 se říká: *„Nic z něho nenecháte do rána. Co z něho zůstane do rána, spálíte ohněm."*

‚Ráno' znamená dobu, kdy odejde temnota a přijde světlo. Duchovně se vztahuje k druhému příchodu Krista. Až se Pán vrátí, nebudeme si moci připravit ani olej (Matouš 25:1-13) a tak musíme brát Boží slovo svědomitě a praktikovat ho až do té doby, než se Pán Ježíš vrátí.

Člověk se běžně dožívá 70 – 80 let a my nevíme, kdy naše životy skončí. Proto musíme horlivě jednat podle Božího slova celou dobu.

Izraelský lid musel po uskutečnění rány smrti prvorozených rychle opustit Egypt, proto jim Hospodin nařídil, aby jedli ve spěchu.

> *„Budete jej jíst takto: Budete mít přepásaná bedra, opánky na nohou a hůl v ruce. Sníte jej ve chvatu. To bude Hospodinův hod beránka"* (Exodus 12:11).

To znamená, že museli být připraveni vyrazit oblečeni a obuti. Mít přepásaná bedra a opánky na nohou znamená, že museli být naprosto připraveni k odchodu.

Také my musíme být bdělí a připraveni, abychom mohli obdržet spasení skrze Ježíše Krista v tomto světě, který je jako

Egypt, jež byl postižen bolestnými ranami a abychom mohli vejít do nebeského království, které je jako zaslíbená kenaanská země.

Hospodin jim rovněž nařídil, aby v ruce měli hůl a ‚hůl' duchovně symbolizuje ‚víru.' Když chodíme po horách nebo na ně šplháme, potřebujeme hůl, abychom se cítili bezpečněji a jistěji a abychom nespadli dolů.

Důvod, proč Mojžíšovi byla dána hůl, spočívá v tom, že Mojžíš neměl Ducha svatého ve svém srdci. Bůh dal Mojžíšovi hůl, která v duchovním významu znamená víru. Izraelský lid tak mohl zakusit Boží moc skrze hůl, kterou mohli fyzicky vidět a tak mohlo být dokonáno vyjití z Egypta.

I dnes platí, že chceme-li vstoupit do věčného nebeského království, musíme mít duchovní víru. Spasení můžeme dosáhnout pouze tehdy, věříme-li v Pána Ježíše Krista, který zemřel na kříži bez jediného hříchu a byl vzkříšen. Úplného spasení pak dosáhneme jen tehdy, budeme-li praktikovat Boží slovo tím, že budeme jíst tělo Pána a pít jeho krev.

A co víc, blíží se čas Pánova návratu. Tudíž musíme dodržovat Boží slovo a horlivě se modlit, abychom mohli vždy vítězit nad silami temnoty.

> *„Proto vezměte na sebe plnou Boží zbroj abyste se mohli v den zlý postavit na odpor, všechno překonat a obstát. Stůjte tedy ‚opásáni kolem beder pravdou, obrněni pancířem spravedlnosti, obuti k pohotové službě evangeliu pokoje' a vždycky se štítem víry,*

jímž byste uhasili všechny ohnivé střely toho Zlého. Přijměte také 'přílbu spasení' a 'meč Ducha, jímž je slovo Boží'" (Efezským 6:13-17).

8. kapitola

Obřízka a večeře Páně

Exodus 12:43-51

Hospodin řekl Mojžíšovi a Áronovi: „Toto je nařízení o hodu beránka" (43).

Ale žádný neobřezanec jej jíst nebude (48).

„Stejný řád bude platit pro domorodce i pro hosta, který bude pobývat mezi vámi" (49).

Právě v ten den vyvedl Hospodin Izraelce seřazené po oddílech z egyptské země (51).

Hod beránka je nejdelším nepřetržitě slaveným svátkem na celém světě, slaví se déle než 3500 let. Stal se základem pro vytvoření státu Izrael.

Hod beránka je v hebrejštině פסח (Pesach) a znamená, jak název napovídá, přejít přes něco nebo něco odpustit. Znamená to, že přes domy Izraelců, jejichž veřeje a nadpraží byly potřeny krví beránka, přešly stíny temnoty v době, kdy na Egypt přišla rána smrti prvorozených.

V Izraeli před svátkem hodu beránka dodnes čistí domy a odstraňují všechen kvašený chléb. Dokonce i malé děti s baterkami hledají pod postelemi a za nábytkem sušenky nebo chleba obsahující kvasnice a vyhazují je. Každá domácnost jí podle pravidel hodu beránka. Hlava rodiny připomíná svátek hodu beránka a všichni oslavují vyjití z Egypta.

„Proč dnes večer jíme Matzo (nekvašený chléb)?"

„Proč dnes večer jíme Maror (hořké byliny)?"

„Proč jíme petržel poté, co jej dvakrát ponoříme do slané vody? Proč jíme hořké byliny s Harosheth (načervenalá marmeláda symbolizující pálení cihel v Egyptě)?"

„Proč při hodu beránka ležíme a jíme?"

Vedoucí obřadu vysvětluje, že museli sníst nekvašený chléb, protože museli opustit Egypt ve spěchu. Jezení hořkých bylin vysvětluje jako připomínku bolesti otroctví v Egyptě a jezení petržele ponořeného do slané vody jako připomínku slz, které byly prolity v Egyptě.

Dnes jedí jídlo vleže proto, aby vyjádřili svobodu a radost z toho, že mohou při jídle ležet, protože jejich otcové byli vysvobozeni z otroctví. A když mluví vedoucí obřadu o egyptských ranách, každý z členů rodiny si do úst vezme malé množství vína a kdykoli je vysloven název rány, vyplivne jej do zvláštní mísy.

Hod beránka proběhl před 3500 lety, ale skrze jídlo při slavení tohoto svátku mají i děti šanci zakusit vyjití z Egypta. Židé stále slaví tento svátek, který Bůh ustanovil před tisíci lety.

Síla diaspory, síla židů roztroušených po celém světě, k návratu zpět do své země a její obnově leží zde.

Předpoklady pro účastníky hodu beránka

Tu noc, kdy na Egypt přišla rána smrti prvorozených, byli Izraelci zachráněni před smrtí díky tomu, že poslechli Boha. Ale aby se mohli zúčastnit hodu beránka, museli splnit podmínku.

Hospodin řekl Mojžíšovi a Áronovi: „Toto je nařízení o hodu beránka: Nebude z něho jíst žádný cizinec. Ale bude jej jíst každý služebník koupený za stříbro, bude-li obřezán. Přistěhovalec ani nádeník jej jíst nebude. Musí být sněden v témž domě. Z jeho masa nevyneseš nic z domu; žádnou jeho kost nezlámete. Tak to bude dělat celá izraelská pospolitost. Jestliže by u tebe pobýval host a chtěl by připravit Hospodinu hod beránka, nechť je u něho obřezán každý mužského pohlaví a potom bude smět přistoupit a tak učinit a bude jako domorodec v zemi. Ale žádný neobřezanec jej jíst nebude. Stejný řád bude platit pro domorodce i pro hosta, který bude pobývat mezi vámi" (Exodus 12:43-49).

Hodu beránka se mohli zúčastnit pouze obřezaní, protože obřízka je zásadní věc pro život a duchovně se vztahuje ke spasení.

Obřízkou se rozumí odstranění celé předkožky (prepucium) z penisu a dělá se 8. den po narození u všech chlapců narozených v Izraeli.

V knize Genesis 17:9-10 je napsáno: *„Bůh dále Abrahamovi řekl: ‚Ty i tvoje potomstvo budete mou smlouvu zachovávat ve všech pokoleních. Znamením mé smlouvy mezi mnou a vámi i tvým potomstvem, kterou budete zachovávat, bude toto: Každý mezi vámi, kdo je mužského pohlaví, bude obřezán.'"*

Když Bůh uzavřel smlouvu požehnání s otcem víry Abrahamem, řekl mu, aby na znamení této smlouvy prováděl obřízku. Těm, kdo nebudou obřezáni, nebude požehnáno.

„Dáte obřezat své neobřezané tělo a to bude

znamením smlouvy mezi mnou a vámi. Po všechna pokolení každý, kdo je mezi vámi mužského pohlaví, bude osmého dne po narození obřezán, doma zrozený i koupený za stříbro od kteréhokoli cizince, který není z tvého potomstva. Musí být obřezán každý zrozený v tvém domě i koupený za stříbro. Tak bude má smlouva pro znamení na vašem těle smlouvou věčnou. Neobřezanec, který by nedal své neobřezané tělo obřezat, bude ze svého lidu vyobcován; porušil mou smlouvu" (Genesis 17:11-14).

Proč jim Bůh nařídil provést obřízku osmý den?

Když se dítě potom, co strávilo devět měsíců v matčině lůně, narodí, není pro něj snadné přijmout vše nové okolo sebe, protože prostředí je zcela odlišné. Organismus je stále slabý, ale po sedmi dnech se přizpůsobí novému prostředí, i když ještě není tak moc aktivní.

Pokud se předkožka odřeže v tomto období, bolest je minimální a řez se velmi rychle zahojí. Ale když muž vyroste, kůže je tvrdá a řez je velmi bolestivý.

Bůh nařídil Izraelcům provádět obřízku 8. den po narození, aby to pro ně bylo lepší z hygienického hlediska a růstu a zároveň je to znamení jeho smlouvy.

Obřízka přímo spojená s životem

V knize Exodus 4:24-26 stojí: *„Když se na cestě chystali nocovat, střetl se s ním [Mojžíšem] Hospodin a chtěl ho usmrtit. Tu vzala Sipora kamenný nůž, obřezala předkožku svého syna, dotkla se jeho nohou a řekla: ‚Jsi můj ženich, je to zpečetěno krví.' A Hospodin ho nechal být. Tehdy se při obřízkách říkalo: ‚Jsi ženich, je to zpečetěno krví.'"*

Proč chtěl Hospodin zabít Mojžíše?
To pochopíme, pokud porozumíme Mojžíšovu narození a vyrůstání. V té době byl za účelem úplného vyhlazení Izraelců vydán příkaz, aby byli zabiti všichni prvorození židovští chlapci.

Mojžíšova matka v té době svého syna ukrývala. Nakonec jej vložila do proutěného košíku a položila u břehu Nilu. Díky Boží prozíravosti ho nalezla egyptská princezna a jako její adoptovaný syn se stal princem. Proto se nedostal do situace, kdy by mohl být obřezán.

I když byl nazýván vůdcem Exodu, nebyl obřezán. Proto jej Boží anděl hledal, aby jej zabil. A tak je obřízka přímo spjata s životem; pokud člověk není obřezán, nemá s Bohem nic společného.

V listu Židům 10:1 je napsáno: *„V zákoně je pouze náznak budoucího dobra, ne sama jeho skutečnost."* Zákonem se zde rozumí Starý zákon a ‚budoucího dobra' znamená Nový zákon, jmenovitě dobrou zprávu přicházející skrze Ježíše Krista.

Náznak a skutečnost jsou jedno a samostatně nemohou existovat. Proto Boží příkaz ohledně obřízky ve starozákonní době, podle něhož se Boží lid měl odříznout od těch, kdo nebyli obřezáni, stále platí pro nás i dnes.

Avšak dnes, na rozdíl od Starého zákona, nemusíme podstupovat fyzickou obřízku, ale duchovní obřízku, kterou je obřízka srdce.

Fyzická obřízka a obřízka srdce

Římanům 2:28-29 říká: *„Pravý žid není ten, kdo je jím navenek, a pravá obřízka není ta, která je zjevná na těle. Pravý žid je ten, kdo je jím uvnitř, s obřízkou srdce, která je působena Duchem, nikoli literou zákona. Ten dojde chvály ne od lidí, nýbrž od Boha."* Fyzická obřízka je jen náznak, skutečnost v Novém zákoně je obřízka srdce a ta nám dává spásu.

Lidé v dobách Starého zákona neměli Ducha svatého a nebyli schopni odstranit zlo ze svého srdce. Proto fyzickou obřízkou dávali najevo, že patří Bohu. Ale pokud v novozákonní době přijmeme Ježíše Krista, vejde do našeho srdce Duch svatý a ten nám pomůže žít v pravdě, takže můžeme odstranit zlo ze svého srdce.

Obřezat své srdce tímto způsobem znamená následovat příkaz k obřezání těla ve Starém zákoně. Je to také způsob, jak zachovávat hod beránka.

„Obřežte se kvůli Hospodinu, obřežte svá neobřezaná srdce" (Jeremiáš 4:4).

Co to znamená, obřezat neobřezaná srdce? Dodržovat Boží slovo, které nám říká, co dělat, co nedělat, co dodržovat či co odvrhovat.

Zkrátka neděláme věci, které nám Bůh říká, abychom nedělali jako: „Nemějte nenávist, nesuďte a neodsuzujte, nekraďte a necizoložte." Rovněž se odvracíme od toho, od čeho nám Bůh říká, abychom se odvraceli, nebo zachováváme to, co nám Bůh říká, abychom zachovávali, jako: „Odvraťte se od veškerého zla, zachovávejte Hospodinův svatý den odpočinku, dodržujte všechna Boží nařízení."

Také děláme to, co nám Bůh říká, abychom dělali, např.: „Kažte evangelium, modlete se, odpouštějte, milujte, atd." Takto vyženeme všechny lži, zlo, nepravost, bezpráví a temnotu ze svého srdce, aby bylo čisté a mohli jsme jej naplnit pravdou.

Obřízka srdce a úplné spasení

Hod beránka byl v Mojžíšových dobách ustanoven k tomu, aby se Izraelci vyhnuli smrti prvorozených před vyjitím z Egypta. Což ale neznamená, že je někdo navždy zachráněn jen proto, že se hodu beránka účastní.

Pokud by byli navěky zachráněni na základě hodu beránka, pak by všichni Izraelci, kteří vyšli z Egypta, mohli vejít do kenaanské země, země oplývající mlékem a medem.

Realita však byla taková, že všichni dospělí lidé, s výjimkou Jozua a Káleba, kterým bylo v době Exodu nad 20 let, neprojevovali víru a skutky poslušnosti. Tato generace musela zůstat čtyřicet let v poušti a zemřela tam, aniž by spatřila zaslíbenou kenaanskou zemi.

Dnes je to stejné. I když jsme přijali Ježíše Krista a stali se Božími dětmi, není to úplné a zaručené navždy. Pouze to znamená, že jsme překročili hranici spasení.

Stejně tak jako Izraelci potřebovali čtyřicet let zkoušek k tomu, aby vstoupili do kenaanské země, i my musíme projít procesem obřízky Božím slovem, abychom dosáhli úplného spasení. A také konáme, když nám Bůh řekne: „Kažte obřízku slovem Božím."

Jakmile přijmeme Ježíše Krista jako svého osobního Spasitele, obdržíme Ducha svatého. ‚Obdržet Ducha svatého' ale neznamená, že naše srdce bude úplně čisté. Své srdce musíme obřezávat tak dlouho, dokud nedosáhneme úplného spasení. Pouze tehdy, když budeme udržovat své srdce, které je zdrojem světla, prostřednictvím obřízky srdce, dosáhneme úplného spasení.

Důležitost obřízky srdce

Pouze tehdy, když se očistíme od hříchů a zla Božím slovem a odstraníme je s pomocí Ducha svatého, můžeme se stát svatými Božími dětmi a vést život bez pohrom.

Dalším důvodem, proč musíme obřezat své srdce, je vítězství v duchovních bojích. I když nejsou vidět, jsou to neustálé a nelítostné boje mezi duchy dobra patřící Bohu a duchy zla.

V Efezským 6:12 se píše: *„Nevedeme svůj boj proti lidským nepřátelům, ale proti mocnostem, silám a všemu, co ovládá tento věk tmy, proti nadzemským duchům zla."*

Abychom zvítězili v duchovním boji, potřebujeme absolutně čisté srdce. Je to proto, že v duchovním světě spočívá síla v bezhříšnosti. Proto Bůh chce, abychom měli obřezané srdce, a mnohokrát nám zdůrazňuje důležitost obřízky.

> *„Moji milí, jestliže nás srdce neobviňuje, máme svobodný přístup k Bohu; oč bychom ho žádali, dostáváme od něho, protože zachováváme jeho přikázání a činíme, co se mu líbí"* (1 Janův 3:21-22).

Abychom mohli přijmout odpovědi na životní problémy jako nemoci a chudoba, musíme obřezat své srdce. Pouze tehdy, až budeme mít čisté srdce, budeme mít důvěru k Bohu a obdržíme vše, o co požádáme.

Hod beránka a večeře Páně

Stejně tak se můžeme se účastnit hodu beránka až poté, co podstoupíme obřízku. To se vztahuje k dnešní večeři Páně. Hod beránka je svátek, kdy se jí maso beránka, při večeři Páně se jí chléb a pije víno, což jsou symboly těla a krve Ježíše Krista.

> *Ježíš jim řekl: „Amen, amen, pravím vám, nebudete-li jíst tělo Syna člověka a pít jeho krev, nebudete mít v sobě život. Kdo jí mé tělo a pije mou krev, má život věčný a já ho vzkřísím v poslední den"* (Jan 6:53-54).

‚Synem člověka' je zde myšlen Ježíš a tělem Syna člověka se myslí 66 knih Bible. Jíst tělo Syna člověka znamená přijímat slova Boží pravdy zapsaná v Bibli.

A stejně jako potřebujeme tekutiny, které pomáhají se zažíváním při konzumaci jídla, tak když jíme tělo Syna člověka, musíme zároveň něco pít, aby to bylo dobře stravitelné.

‚Pít krev Syna člověka' znamená plně věřit Božímu slovu a praktikovat ho. Pokud Slovo slyšíme a uvědomujeme si ho, ale nepraktikujeme ho, nemá pro nás Boží slovo žádný význam.

Když porozumíme Božímu slovu v šedesáti šesti knihách Bible a budeme ho praktikovat, vejde do našeho srdce pravda a bude vstřebávána tak, jako jsou živiny vstřebávány naším tělem. Hříchy a zlo se pak stanou odpadem k vyhození a my se budeme stále více a více stávat lidmi pravdy a získáme věčný život.

Pokud si například vezmeme živinu pravdy s názvem ‚láska' a budeme ji praktikovat, vstřebá se v nás toto slovo jako živina. Věci, které jsou v opozici jako nenávist, závist a žárlivost se stanou odpadem k vyhození. Pak budeme mít dokonalé srdce lásky.

A protože naplníme své srdce pokojem a spravedlností, hádky, spory, rozbroje, vztek a nespravedlnost zmizí.

Podmínky pro účast na večeři Páně

Za časů Exodu měli ti, kdo byli obřezáni, nárok na účast na hodu beránka, takže se mohli vyhnout smrti prvorozených. Stejně tak dnes, jestliže přijmeme Ježíše Krista jako svého Spasitele a obdržíme Ducha svatého, budeme zapečetěni jako Boží děti a budeme mít právo účasti na večeři Páně.

Hod beránka však měl sloužit pouze pro záchranu před smrtí prvorozených. Stále museli putovat divočinou za úplným spasením. Stejně tak platí, že i když jsme obdrželi Ducha svatého a můžeme se účastnit večeře Páně, stále musíme podstupovat proces získání věčného spasení pro věčnost. Jelikož do brány spasení vstupujeme skrze přijetí Ježíše Krista, musíme ve svých životech poslouchat Boží slovo. Musíme kráčet směrem k branám nebeského království a věčného spasení.

Pácháme-li hříchy, nemůžeme mít účast na večeři Páně, kde jíme tělo a pijeme krev Pána. Musíme nejprve zkoumat sami sebe, činit pokání ze všech hříchů, kterých jsme se dopustili a vyčistit svá srdce tak, abychom se mohli účastnit večeře Páně.

„Kdo by tedy jedl tento chléb a pil kalich Páně nehodně, proviní se proti tělu a krvi Páně. Nechť každý sám sebe zkoumá, než tento chléb jí a z tohoto kalicha pije. Kdo jí a pije a nerozpoznává, že jde o tělo Páně, jí a pije sám sobě odsouzení" (1 Korintským 11:27-29).

Někteří lidé říkají, že večeře Páně se mohou účastnit pouze ti, kdo jsou pokřtěni vodou. Když ale přijmeme Ježíše Krista, obdržíme jako dar Ducha svatého. Všichni máme právo stát se Božími dětmi.

Pokud jsme obdrželi Ducha svatého a stali se Božími dětmi, můžeme se účastnit večeře Páně, jestliže činíme pokání ze svých hříchů, i když jsme ještě nebyli pokřtěni vodou.

Při večeři Páně si znovu připomínáme milost našeho Pána, který byl pověšen na kříž a prolil za nás svou krev. Měli bychom také zkoumat sami sebe, učit se a praktikovat Boží slovo.

1 Korintským 11:23-25 říká: *„Já jsem přijal od Pána, co jsem vám také odevzdal: Pán Ježíš v tu noc, kdy byl zrazen, vzal chléb, vzdal díky, lámal jej a řekl: ‚Toto jest mé tělo, které se za vás vydává; to čiňte na mou památku.' Stejně vzal po večeři i kalich a řekl: ‚Tento kalich je nová smlouva, zpečetěná mou krví; to čiňte, kdykoli budete píti, na mou památku.'"*

Proto na vás naléhám, abyste poznali skutečný význam hodu beránka a večeře Páně a svědomitě jedli tělo a pili krev Páně, abyste se mohli zbavit všech forem zla a dokončit úplnou obřízku svého srdce.

9. kapitola

Exodus a svátek nekvašených chlebů

Izlazak 12:15-17

„Po sedm dní budete jíst nekvašené chleby. Hned prvního dne odstraníte ze svých domů kvas. Každý, kdo by od prvního do sedmého dne jedl něco kvašeného, bude z Izraele vyobcován. Prvního dne budete mít bohoslužebné shromáždění. I sedmého dne budete mít bohoslužebné shromáždění. V těch dnech se nebude konat žádné dílo. Smíte si připravit jen to, co každý potřebuje k jídlu. Budete dbát na ustanovení o nekvašených chlebech, neboť právě toho dne jsem vyvedl vaše oddíly z egyptské země. Na tento den budete bedlivě dbát. To je provždy platné nařízení pro všechna vaše pokolení."

„Dej, abychom odpustili, ale nezapomněli."

Tato věta je napsána nad vchodem do muzea holokaustu Yad Vashem v Jeruzalémě. Slouží k zachování památky šesti miliónů Židů, kteří byli zavražděni nacisty během druhé světové války a k tomu, aby se tato historie již neopakovala.

Historie Izraele je historií vzpomínek. V Bibli jim Bůh říká, aby si pamatovali minulost, uchovávali ji v mysli a zachovávali po generace.

Poté, co byli Izraelci zachráněni před smrtí prvorozených tím, že uspořádali hod beránka a byli vyvedeni z Egypta, Bůh jim řekl, aby slavili svátek nekvašených chlebů. Měli si věčně připomínat den osvobození z otroctví v Egyptě.

Duchovní význam Exodu

Den Exodu není jen dnem svobody, kterou Izraelský lid získal před několika tisíci lety.

‚Egypt', v němž Izraelci žili v otroctví, symbolizuje ‚tento svět', který je ovládán nepřítelem ďáblem a satanem. Stejně jako byli Izraelci perzekuováni a týráni v otroctví v Egyptě, lidé trpí bolestmi a žalem, které na ně přivádí nepřítel ďábel a satan, když neví o Bohu.

Když se Izraelci stali svědky deseti ran, které se udály skrze Mojžíše, došli k poznání Boha. Následovali Mojžíše na cestě z

Egypta do zaslíbené kenaanské země, kterou Bůh slíbil jejich předkovi Abrahamovi.

Je to stejné, jako když lidé, kteří žili bez poznání Boha, přijmou Ježíše Krista.

Situace Izraelců, vycházejících z Egypta, kde byli otroky, je srovnatelná s lidmi vycházejícími ze svého otroctví nepříteli ďáblu a satanovi tím, že přijmou Ježíše Krista a stanou se Božími dětmi.

Cesta Izraelců do Kenaanu, který oplývá mlékem a medem, se neliší od cesty věřících, kteří jdou na cestě víry směrem k nebeskému království.

Kenaanská země oplývající mlékem a medem

Hospodin během Exodu nevedl Izraelce přímo do kenaanské země. Museli putovat pouští, protože na nejkratší cestě do Kenaanu byl silný národ zvaný Filištíni.

Aby mohli do této země vejít, museli vést válku proti silným Filištínům. Bůh věděl, že jakmile k tomu dojde, lidé bez víry se budou chtít vrátit zpátky do Egypta.

Stejně tak ti, kteří právě přijmou Ježíše Krista, nedostávají ihned pravou víru. Pokud pak podstoupí zkoušku, jejíž velikost se vyrovná velikosti mocného filištínského národa, nemusí zkouškou vítězně projít a nakonec se víry vzdají.

Proto Bůh říká: *„Nepotkala vás zkouška nad lidské síly.*

Bůh je věrný: nedopustí, abyste byli podrobeni zkoušce, kterou byste nemohli vydržet, nýbrž se zkouškou vám připraví i východisko a dá vám sílu, abyste mohli obstát" (1 Korintským 10:13).

Stejně jako Izraelci putovali pouští, dokud nedosáhli kenaanské země, tak i my jdeme cestou víry až do nebeského království, kanaanské země, i poté, co jsme se stali Božími dětmi.

I přes náročné putování pouští se ti, kteří měli víru, nevrátili do Egypta, ale těšili se na svobodu, pokoj a hojnost v kenaanské zemi, které v Egyptě neměli. To samé pro nás platí i dnes.

I když někdy musíme putovat úzkou a obtížnou cestou, věříme v úžasnou nádheru nebeského království. Nepovažujeme pak boj víry za obtížný, ale s Boží pomocí a mocí vše překonáme.

Izraelský lid se nakonec vydal na cestu do Kenaanu, země oplývající mlékem a medem. Odešli ze země, ve které žili více než 400 let a vydali se na cestu víry pod Mojžíšovým vedením.

Někteří lidé hnali dobytek. Jiní nakládali oblečení, stříbro a zlato, které dostali od Egypťanů. Další balili nekvašené těsto, zatímco se jiní starali o malé děti a staré lidi. Obrovské seskupení spěchajících Izraelců bylo nekonečné.

„Izraelci vytáhli z Ramesesu do Sukótu, kolem šesti set tisíc pěších mužů kromě dětí. Vyšlo s nimi také mnoho přimíšeného lidu a obrovská stáda bravu a skotu. Z těsta, které vynesli z Egypta, napekli nekvašené podpopelné chleby, protože ještě

nevykynulo. Byli totiž z Egypta vyhnáni a nemohli otálet. Ani potravu na cestu si nestačili připravit" (Exodus 12:37-39).

Toho dne byla jejich srdce plná svobody, naděje a spasení. Na připomínku tohoto dne jim Bůh po generace nařídil slavit svátek nekvašených chlebů.

Svátek nekvašených chlebů

My křesťané dnes namísto svátku nekvašených chlebů slavíme Velikonoce. O velikonočních svátcích vzdáváme Bohu díky za odpuštění všech našich hříchů skrze ukřižování Pána Ježíše. Také jej slavíme jako den, kdy nám bylo umožněno vystoupit z temnoty a vstoupit do světla skrze Ježíšovo vzkříšení.

Svátek nekvašených chlebů je jedním ze tří velkých izraelských svátků. Má jim připomínat to, že je Boží ruka vyvedla z Egypta. Začíná se v noci na hod beránka a po sedm dní se jí nekvašený chléb.

Faraón však nezměnil názor ani poté, co Egypťané utrpěli tolik ran. Egypt byl nakonec postižen ranou smrti prvorozených a sám faraón ztratil svého prvorozeného syna. Urychleně nechal zavolat Mojžíše s Áronem a nařídil jim, aby ihned opustili Egypt. Proto neměli čas nechat chléb nakynout. A to je důvod, proč museli jíst nekvašený chléb.

Hospodin je nechal jíst nekvašený chléb i proto, aby si

vzpomněli na dobu utrpení a děkovali za vysvobození z otroctví.
Na hod beránka si lidé připomínají záchranu před smrtí prvorozených. Jedí jehněčí maso, hořké byliny a nekvašený chléb.
Svátek nekvašených chlebů připomíná to, že jedli po náhlém odchodu z Egypta týden nekvašený chléb.
Dnes si Izraelci berou týdenní volno, aby mohli slavit hod beránka spolu se svátkem nekvašených chlebů.

> *„Nebudeš při něm jíst nic kvašeného. Po sedm dní budeš při něm jíst nekvašené chleby, chléb poroby, neboť jsi chvatně vyšel z egyptské země. Po všechny dny svého života si budeš připomínat den, kdy jsi vyšel z egyptské země"* (Deuteronomium 16:3).

Duchovní význam Svátku nekvašených chlebů

> *„Po sedm dní budete jíst nekvašené chleby. Hned prvního dne odstraníte ze svých domů kvas. Každý, kdo by od prvního do sedmého dne jedl něco kvašeného, bude z Izraele vyobcován"* (Exodus 12:15).

,Prvním dnem' se zde myslí den záchrany. Izraelci měli jíst nekvašený chléb po sedm dní poté, co byli zachráněni před smrtí prvorozených a vyšli z Egypta. Stejně tak máme duchovně jít nekvašený chléb poté, co jsme přijali Ježíše Krista a obdrželi Ducha svatého, abychom dosáhli úplného spasení.

Jíst nekvašený chléb v duchovním významu znamená opustit svět a vydat se úzkou cestou. Jakmile přijmeme Ježíše Krista, musíme se ponížit a s pokorným srdcem se vydat úzkou cestou k úplnému spasení.

Jíst kvašený chléb namísto nekvašeného je jako jít širokou a snadnou cestou v honbě za pomíjivými věcmi tohoto světa, jak se komu zachce. Samozřejmě, že člověk, který se vydá touto cestou, nebude spasen. Proto Bůh řekl, že ti, kdo sní něco kvašeného, budou z Egypta vyobcováni.

Co nám tedy svátek nekvašených chlebů dává dnes?

Za prvé si máme vždy připomínat a vzdávat díky za Boží lásku a milost spasení, kterou jsme dostali zdarma díky vykoupení Ježíše Krista.

Izraelci si připomínají dny otroctví v Egyptě tak, že po sedm dní jedí nekvašený chléb a děkují Bohu za záchranu. Podobně si my věřící, kteří jsme duchovní Izraelci, musíme připomínat milost a lásku Boha, který nás vede na cestě věčného života a za všechny věci mu děkovat.

Musíme si připomínat den, kdy jsme se setkali s Bohem a poznali ho a den, kdy jsme se znovu narodili z vody a Ducha. S díky si musíme připomínat Boží milost. Je to stejné, jako dodržování duchovní úrovně svátku nekvašených chlebů. Ti, kdo mají skutečně dobré srdce, nikdy nezapomenou na milost, kterou od Pána dostali. Je to povinnost člověka a skutek nádherného srdce plného dobroty.

Díky tomuto dobrému srdci nikdy nezapomeneme na tuto lásku a milost, ale budeme Bohu děkovat za jeho milost a vždy se radovat, bez ohledu na obtížnost současné situace.

To byl případ Abakuka, který působil za vlády krále Jošiáše okolo roku 600 před Kristem.

> *„I kdyby fíkovník nevypučel, réva nedala výnos, selhala plodnost olivy, pole nevydala pokrm, z ohrady zmizel brav, ve chlévech dobytek nebyl, já budu jásotem oslavovat Hospodina, jásat ke chvále Boha, který je má spása"* (Abakuk 3:17-18).

Jeho země Juda musela čelit nebezpečí od Kaldejců (Babylóňanů) a prorok Abakuk se musel dívat, jak jeho země upadá. Ale místo toho, aby upadl do zoufalství, Abakuk předkládal Bohu modlitby díků.

Stejně tak dnes můžeme být vděčni z hloubi svého srdce už jen za to, že jsme zachráněni Boží milostí bez zaplacení jakékoli ceny, bez ohledu na naši situaci či životní podmínky.

Za druhé bychom neměli navykle pokračovat ve svých životech víry ani sklouzávat zpět k dřívějšímu suchému způsobu života ani vést křesťanský život bez vývoje či změny.

Žít křesťanský život bez nadšení znamená zůstávat na místě. Je to stagnující život bez pohybu či změny. Znamená to, že naše víra je vlažná, založená na zvyku. Je to projevování formálních stránek víry bez obřízky srdce.

Jsme-li chladní, Bůh nás může nějakým způsobem potrestat, abychom se mohli změnit a obnovit. Ale jsme-li vlažní, děláme kompromisy se světem a nesnažíme se odvrhnout hříchy. Boha neopouštíme vědomě a snadno, protože máme Ducha svatého a dobře víme, že je nebe a peklo.

Známe-li své nedostatky, můžeme se za ně modlit k Bohu. Ale ti, kdo jsou vlažní, neprojevují žádné nadšení. Stanou se pouhými ‚chodiči.'

Mohou strádat a cítit utrpení a úzkost ve svém srdci, ale jak čas běží, mizí i tyto pocity.

„Ale že jsi vlažný, a nejsi horký ani studený, nesnesu tě v ústech" (Zjevení 3:16). Jak je zde řečeno, nemohou pak být takovýto lidé spaseni. Proto Bůh chce, abychom dodržovali různé svátky, kterými čas od času zkoumáme svou víru a abychom dělali dospělé a vyzrálé kroky víry.

Za třetí, vždy se musíme držet milosti první lásky. Pokud ji ztratíme, musíme přemýšlet, kdy jsme padli, činit pokání a rychle obnovit první skutky.

Každý, kdo přijal Pána Ježíše, může zakoušet milost první lásky. Boží milost a láska je tak velká, že bude každý den našeho života naplněn radostí a štěstím.

Stejně jako rodiče očekávají, že jejich děti vyrostou, tak i Bůh očekává, že jeho děti budou mít pevnější víru a dosáhnout větší míry víry. Ale pokud v jednom bodě ztratíme milost první lásky, naše nadšení a láska mohou ochladnout. Dokonce, i když se modlíme, můžeme to dělat jen z povinnosti.

Dokud nedosáhneme úplného, dokonalého a plného posvěcení, můžeme o první lásku kdykoliv přijít, jestliže dáme své srdce satanovi. Proto, pokud ztratíme milost horoucí první lásky, musíme najít příčinu, rychle činit pokání a obrátit se zpět.

Mnoho lidí říká, že křesťanský život je úzká a obtížná cesta, ale v knize Deuteronomium 30:11 stojí: *„Tento příkaz, který ti dnes udílím, není pro tebe ani nepochopitelný, ani vzdálený."* Jestliže poznáme skutečnou Boží lásku, cesta života ve víře nebude nikdy obtížná. Je to proto, že současné utrpení se nedá srovnat se slávou, které se nám dostane později. S radostí si to můžeme představovat.

Jako věřící žijící v posledních dnech bychom proto měli dodržovat Boží slovo a celou dobu žít ve světle. Pokud si nezvolíme širokou cestu života ve světě, ale místo toho půjdeme úzkou cestou víry, budeme moci vstoupit do kenaanské země oplývající mlékem a medem.

Bůh nám dá milost spasení a radost z první lásky. Bude nám žehnat, abychom dosáhli posvěcení, a skrze naši cestu víry nám umožní zmocnit se nebeského království.

10. kapitola

Život v poslušnosti a požehnání

Deuteronomium 28:1-6

„Jestliže budeš opravdově poslouchat Hospodina, svého Boha, a bedlivě dodržovat všechny jeho příkazy, které ti dnes udílím, vyvýší tě Hospodin, tvůj Bůh, nad všechny pronárody země. A spočinou na tobě všechna tato požehnání, když budeš poslouchat Hospodina, svého Boha: Požehnaný budeš ve městě a požehnaný budeš na poli. Požehnaný bude plod tvého života i plodiny tvé role, plod tvého dobytka, vrh tvého skotu a přírůstek tvého bravu. Požehnaný bude tvůj koš a tvá díže. Požehnaný budeš při svém vcházení a požehnaný při svém vycházení."

Historie vyjití izraelského lidu z Egypta nám dává cenné lekce. Stejně jako na faraóna a Egypt přišly rány za jejich neposlušnost, tak i Izraelci museli na cestě do Kenaanu vytrpět zkoušky a nedosáhli blahobytu, protože vystupovali proti Boží vůli.

Byli zachráněni před ranou smrti prvorozených hodem beránka. Ale když na své cestě do Kenaanu neměli vodu, kterou by pili a jídlo, které by jedli, začali si stěžovat.

Vyrobili si zlatého býčka a uctívali ho, navíc se špatně vyjadřovali o zaslíbené zemi; dokonce se postavili proti Mojžíšovi. Vše proto, že se na cestu do Kenaanu nedívali očima víry.

Výsledkem bylo, že první generace Exodu, s výjimkou Jozua a Káleba, zemřela v poušti. Jen Jozue a Káleb věřili Božímu zaslíbení, poslouchali Boha a vstoupili spolu s druhou generací Exodu do kenaanské země.

Požehnání vstupu do kenaanské země

První generace Exodu patřila mezi ty generace, které se po 400 let rodily a vyrůstaly v nežidovské kultuře v Egyptě, proto ztratila mnoho ze své víry v Boha. Když procházeli pronásledováním a utrpením, bylo do jejich srdcí zaseto velké zlo.

Avšak Izraelci druhé generace Exodu se učili Božímu slovo odmala. Protože se stali svědky mnoha mocných Božích skutků, velmi se od generace svých rodičů lišili.

Chápali, proč generace jejich rodičů nemohla vstoupit do kenaanské země, ale musela 40 let zůstat na poušti. Byli plně připraveni poslouchat Boha a své vůdce s opravdovou vírou.

Na rozdíl od generace svých rodičů, kteří si stále stěžovali i poté, co se stali svědky početných Božích skutků, slíbili úplnou poslušnost. Doznali, že budou zcela poslouchat Jozua, který se stal z Boží vůle nástupcem Mojžíše.

> *„Budeme tě poslouchat stejně, jako jsme poslouchali Mojžíše. Jen ať Hospodin, tvůj Bůh, je s tebou, jako byl s Mojžíšem. Kdo se tvému rozkazu postaví na odpor a tvých slov neuposlechne ve všem, co mu přikážeš, je hoden smrti. Jen buď rozhodný a udatný"* (Jozue 1:17-18).

Těch 40 let, kdy Izraelci putovali pouští, nebyla jen doba trestu. Byl to i čas duchovního výcviku druhé generace Exodu, která měla vstoupit do kenaanské země.

Dříve, než nám Bůh požehná, nechá nás projít různými druhy duchovního výcviku, abychom získali duchovní víru. Je to proto, že bez duchovní víry nemůžeme dosáhnout spasení a nemůžeme vstoupit do nebeského království.

Pokud by nám Bůh požehnal dříve, než budeme mít duchovní víru, je pravděpodobné, že většina z nás by se vrátila zpátky do světa. Bůh nám proto ukazuje úžasné skutky své moci a někdy nás nechá podstoupit zkoušky ohněm, kterými naše víra roste.

První překážkou poslušnosti, které musela druhá generace čelit, byla řeka Jordán. Tato řeka tekla mezi planinami Moábu a kenaanskou zemí, v té době byl její tok dravý a často zaplavovala břehy.

Co tady řekl Bůh? Nařídil, aby kněží přinesli schránu úmluvy a s ní v popředí vkročili do řeky. Jakmile lidé skrze Jozua uslyšeli Boží vůli, vkročili bez váhání s knězi v čele do řeky Jordán.

Protože věřili ve vševědoucího a všemocného Boha, dokázali ho poslechnout bez pochyb či stížností. Jakmile se pak nohy kněží nesoucích schránu dotkly vody u břehu řeky, tok vody se zastavil a oni mohli přejít přes suchou zem.

Také zničili město Jericho, o kterém se říkalo, že je to nezničitelná pevnost. Na rozdíl od dnešní doby bylo téměř nemožné bez mocných zbraní zničit tak silné hradby, které se ve skutečnosti skládaly ze dvou vrstev.

I s celou jejich silou by bylo nesmírně obtížné zničit celé město. Bůh jim však řekl, aby jednou denně po dobu šesti dní obešli město a aby sedmý den vstali brzy, obešli jej sedmkrát a pak hlasitě zakřičeli.

V situaci, kdy nepřátelské síly hlídaly na vrcholcích hradeb, začala druhá generace Exodu bez váhání pochodovat okolo městských hradeb.

Jejich nepřátelé proti nim pravděpodobně vystřelili mnoho šípů nebo na ně mohli podniknout plný útok. I v takto nebezpečné situaci přece poslechli Boha a pouze pochodovali okolo města. Nakonec se i takto silné hradby zhroutily jen proto, že izraelský lid poslechl Boží slovo.

Přijmout požehnání skrze poslušnost

Poslušnost může přesahovat jakékoli okolnosti. Je to průchod, kterým proudí úžasná Boží moc. Z lidské perspektivy se můžeme domnívat, že je nemožné něco určitého dodržet. Ale z Božího pohledu není nic, co bychom nemohli splnit a Bůh je všemocný.

Stejnou poslušnost projevíme tím, že budeme poslouchat a chápat Boží slovo plně inspirované Duchem svatým, stejně jako bychom opékali beránka nad ohněm.

A stejně jako izraelský lid zachovával hod beránka a svátek nekvašených chlebů po generace, i my musíme pamatovat na Boží slovo a zachovávat jej v mysli. Zejména musíme neustále obřezávat své srdce Božím slovem a zbavovat se hříchů a zla na základě vděčnosti za milost spasení.

Pouze tehdy obdržíme opravdovou víru a projevíme dokonalou poslušnost.

Některé věci bychom nemuseli dodržovat, pokud bychom přemýšleli podle lidských teorií, znalostí či zdravého selského rozumu. Ale Boží vůlí je, abychom ho poslouchali i v těchto věcech. Pokud projevíme tento druh poslušnosti, Bůh nám projeví skvělé skutky a úžasné požehnání.

Mnoho lidí v Bibli obdrželo neuvěřitelné požehnání díky své poslušnosti. Daniel a Josef dostali požehnání, protože měli pevnou víru v Boha a drželi se Božího slova dokonce tváří v tvář smrti. Rovněž na životě Abrahama, otce víry, můžeme vidět, jak je Bůh potěšen těmi, kdo poslouchají.

Požehnání dané Abrahamovi

> *I řekl Hospodin Abramovi: „Odejdi ze své země, ze svého rodiště a z domu svého otce do země, kterou ti ukážu. Učiním tě velkým národem, požehnám tě, velké učiním tvé jméno. Staň se požehnáním!"* (Genesis 12:1-2).

Abrahamovi v té době bylo 75 let a rozhodně již nebyl mladý. Především pro něj nebylo snadné opustit svou zemi a odejít od všech svých příbuzných, protože neměl žádné syny, kteří by se mohli stát jeho dědici.

Bůh ale neurčil žádné místo, kam by měl jít. Bůh mu pouze nařídil, aby odešel. Z hlediska lidského myšlení bylo velmi obtížné uposlechnout. Musel opustit vše, co nashromáždil a odejít na úplně cizí místo.

Není snadné vzdát se všeho, co máme a odejít na úplně nové místo, i když máme jasnou záruku své budoucnosti. Kolik lidí je opravdu schopno opustit vše, co má, když je jejich budoucnost nejasná? Ale Abraham poslechl.

V jiné situaci zasvítilo světlo Abrahamovi poslušnosti ještě jasněji. Aby byla Abrahamova poslušnost ještě dokonalejší, Bůh jej nechal podstoupit zkoušku, aby mu pak dal požehnání.

Bůh mu přikázal, aby obětoval svého syna Izáka. Izák byl milovaný Abrahamův syn. Byl pro něj cennější, než on sám, ale bez váhání uposlechl.

Poté, co s ním Bůh mluvil, můžeme v Genesis 22:3 vidět, že brzy ráno vstal, připravil vše pro oběť Bohu a odešel na místo, které mu Bůh určil.

Když tehdy člověk opustil svou zem a dům svého otce, představovalo to větší poslušnost, než tomu je dnes. Abraham poslechl, aniž by skutečně znal Boží vůli. Ale když mu Bůh nařídil, aby obětoval svého syna Izáka jako zápalnou oběť, porozuměl Božímu srdci a splnil jeho vůli. V Židům 11:17-19 je zaznamenáno, jak věřil, že i když předloží svého syna jako zápalnou oběť, Bůh ho vzkřísí, protože byl semenem Božího zaslíbení.

Bůh byl potěšen Abrahamovou vírou a sám připravil oběť. Jakmile Abraham prošel zkouškou, Bůh jej nazval svým přítelem a dal mu velké požehnání.

V dnešním Izraeli není dostatek vody. A ještě více jí chybělo tehdy v Kenaanu. Ale kdekoli Abraham šel, tam bylo vody hojnost. I jeho synovec Lot, který byl s ním, obdržel velké požehnání.

Abraham měl spoustu dobytka, mnoho stříbra a zlata; byl velmi bohatým mužem. Když jeho synovce Lota zajali, Abraham vzal 318 mužů, kteří byli vychováni v jeho domě a Lota zachránili. Jen na základě této skutečnosti můžeme vidět, jak byl bohatý.

Abraham dodržoval Boží slovo. Půda a prostředí okolo něj byly požehnány a těm, kdo byli s ním, bylo rovněž požehnáno.

Skrze Abrahama dostal požehnání i jeho syn Izák a jeho potomků bylo tolik, že vytvořili národ. Bůh mu dále řekl, že požehná každému, kdo požehná jemu, a že prokleje každého, kdo prokleje Abrahama. Byl tak vážený, že mu vzdávali hold dokonce i králové sousedních národů.

Abraham obdržel všechna možná požehnání, která člověk může na této zemi dostat, včetně bohatství, slávy, autority, zdraví a dětí. Jak je napsáno ve 28. kapitole knihy Deuteronomium, byl požehnán při svém vcházení i vycházení.

Stal se zdrojem požehnání a otcem víry. Navíc dokázal do hloubky porozumět Božímu srdci a Bůh s ním sdílel své srdce jako se svým přítelem. Jak nádherné požehnání!

Protože Bůh je láska, chce, aby byl každý jako Abraham a obdržel požehnání a slavné postavení. Proto nám Bůh nechal o Abrahamovi podrobnou zprávu. Každý, kdo následuje jeho příklad a poslouchá Boží slovo, může získat stejné požehnání jako Abraham při svém vcházení i vycházení.

Láska a spravedlnost Boha, který nám chce požehnat

Do této chvíle jsme se zabývali deseti ranami uvalenými na Egypt a slavením hodu beránka, který se stal cestou spasení pro

Izraelce. Skrze to můžeme pochopit, proč čelíme pohromám, jak se jim můžeme vyhnout a jak můžeme být spaseni.

Jestliže trpíme problémy či nemocemi, musíme si uvědomit, že jsou ve skutečnosti způsobeny našim zlem. Pak musíme rychle zkoumat sami sebe, činit pokání a zbavit se všech forem zla. Skrze Abrahama můžeme také pochopit, jaká úžasná a nepředstavitelná požehnání dává Bůh těm, kteří jej poslouchají.

To jsou příčiny všech pohrom. Výsledky se budou lišit podle toho, jak moc si je uvědomujeme svým srdcem, odvrátíme se od hříchu a zla a měníme se. Někteří lidé za svá provinění pouze zaplatí, zatímco jiní najdou skrze utrpení ve svém srdci temnotu a zlo a to bude šance pro jejich změnu.

Ve 28. kapitole knihy Deuteronomium můžeme nalézt srovnání mezi požehnáním a zlořečením, které na nás přijde, pokud poslechneme či neposlechneme Boha.

Bůh chce, abychom dostali požehnání, ale jak řekl v knize Deuteronomium 11:26: *„Hleď, dnes vám předkládám požehnání i zlořečení"*, volba je na nás. Zasejeme-li fazole, vyraší fazole. Podobně trpíme pohromami od satana v důsledku svých hříchů. V tomto případě na nás Bůh uvaluje pohromy na základě své spravedlnosti.

Rodiče chtějí, aby se jejich dětem dobře vedlo, a říkají: „Pilně studuj," „Žij poctivý život," „Dodržuj všechny dopravní předpisy," atd. Se stejným srdcem nám Bůh dává svá přikázání a chce, abychom je dodržovali. Rodiče by nikdy nechtěli, aby je jejich děti neposlouchali a dostali se na cestu neštěstí a zkázy. Stejně tak není Boží vůlí pro nás, abychom trpěli potížemi.

Proto se ve jménu Pána Ježíše Krista modlím, abyste všichni poznali, že Boží vůlí pro jeho děti není pohroma, ale požehnání, a že vám na základě života v poslušnosti bude požehnáno ve vašem vcházení i vycházení a ve všem se vám bude dařit.

Autor:
Dr. Jaerock Lee

Dr. Jaerock Lee se narodil v roce 1943 v Muanu, v provincii Jeonnam, v Korejské republice. Ve svých dvaceti letech trpěl Dr. Lee po dobu sedmi let rozmanitými nevyléčitelnými chorobami a očekával smrt bez jakékoliv naděje na uzdravení. Jednoho jarního dne v roce 1974 jej sestra odvedla na církevní shromáždění, a když poklekl, aby se pomodlil, živý Bůh ho okamžitě uzdravil ze všech jeho nemocí.

Od chvíle, kdy se skrze tuto úžasnou zkušenost Dr. Lee setkal s živým Bohem, začal Boha upřímně milovat celým svým srdcem a v roce 1978 byl povolán k tomu, aby se stal Božím služebníkem. Vroucně se modlil, aby mohl jasně porozumět Boží vůli, cele ji vykonávat a být poslušen celému Božímu slovu. V roce 1982 založil v Soulu, v Jižní Koreji, církev Manmin Central Church, kde se koná nesčetné Boží dílo včetně nadpřirozených uzdravení a zázraků.

V roce 1986 byl Dr. Lee při výročním shromáždění církve Jesus' Sungkyul Church of Korea ustanoven pastorem a o čtyři roky později, v roce 1990, začala být jeho kázání vysílána prostřednictvím rozhlasových stanic the Far East Broadcasting Company, the Asia Broadcast Station a the Washington Christian Radio System v Austrálii, Rusku, na Filipínách a v mnoha dalších zemích.

O tři roky později, v roce 1993, byla církev Manmin Central Church vybrána časopisem *Christian World* (USA) mezi „50 nejpřednějších církví na světě" a Dr. Lee obdržel od fakulty Christian Faith College na Floridě čestný doktorát z teologie. V roce 1996 získal za svou službu od semináře Kingsway Theological Seminary v Iowě titul Ph. D.

Od roku 1993 převzal Dr. Lee vedení světové misie prostřednictvím mnoha zahraničních cest do amerických měst Los Angeles, Baltimoru a New Yorku, dále na Havaj, do Tanzánie, Argentiny, Ugandy, Japonska, Pákistánu, Keni, na Filipíny, do Hondurasu, Indie, Ruska, Německa, Peru, Demokratické republiky Kongo a do Izraele.

V roce 2002 byl většinou křesťanských novin v Koreji kvůli své mocné službě na rozmanitých zahraničních kampaních nazván „celosvětovým evangelistou." ‚Kampaň v New Yorku 2006', která se konala v Madison Square Garden, nejznámější hale na světě, se vysílala 220 národům a na ‚Sjednocené kampani v Izraeli 2009' pořádané v ICC (International Convention Center) v Jeruzalémě prohlašoval, že Ježíš Kristus je Mesiáš a Spasitel. Jeho kázání se vysílají přes satelit včetně GCN TV 176 národům a v žebříčku se podle populárního ruského křesťanského časopisu *In Victory* a nové zpravodajské agentury *Christian Telegraph* za svou mocnou službu v oblasti TV vysílání a za svou zahraniční církevní pastorační službu umístil jako jeden z 10 nejvlivnějších křesťanských vůdců roku 2009 a 2010.

K březnu 2014 je církev Manmin Central Church kongregací s více než 120 000 členy. Má rovněž 10 000 poboček po celé zeměkouli včetně 54 domácích poboček a doposud vyslala více než 123 misionářů do 23 zemí včetně Spojených států, Ruska, Německa, Kanady, Japonska, Číny, Francie, Indie, Keni a mnoha dalších.

Ke dni vydání této knihy napsal Dr. Lee 88 knih včetně bestselerů *Ochutnání věčného života před smrtí (Tasting Eternal Life before Death)*, *Můj Život, Má Víra I & II (My Life My Faith I & II)*, *Poselství Kříže (The Message of the Cross)*, *Měřítko Víry (The Measure of Faith)*, *Nebe I & II (Heaven I & II)*, *Peklo (Hell)* a *Boží Moc (The Power of God)*. Jeho díla byla přeložena do více než 76 jazyků.

Jeho křesťanské sloupky se objevují v *The Hankook Ilbo, The JoongAng Daily, The Dong-A Ilbo, The Munhwa Ilbo, The Seoul Shinmun, The Korea Economic Daily, The Korea Herald, The Shisa News,* a v *The Christian Press*.

Dr. Lee je v současné době vedoucím mnoha misionářských organizací a asociací včetně: předseda The United Holiness Church of Jesus Christ; prezident Manmin World Mission; stálý prezident The World Christianity Revival Mission Association; zakladatel & předseda výboru Global Christian Network (GCN); zakladatel & předseda výboru World Christian Doctors Network (WCDN); a zakladatel & předseda výboru Manmin International Seminary (MIS).

Další mocné knihy od stejného autora

Nebe I & II

Podrobný náčrt úžasného životního prostředí, z kterého se budou těšit nebeští občané a krásný popis různých úrovní nebeských království.

Poselství Kříže

Mocné poselství vyzývající k probuzení všechny lidi, kteří duchovně spí! V této knize najdete skutečnou Boží lásku a důvod, proč je Ježíš jediným Spasitelem.

Peklo

Vážné poselství celému lidstvu od Boha, který si přeje, aby ani jedna duše nepropadla do hloubek pekla! Objevíte nikdy předtím nezjevený popis kruté reality dolního podsvětí a pekla.

Duch, Duše a Tělo I & II

Průvodce, který nám umožní duchovní porozumění duchu, duši a tělu a pomůže nám objevit, jaký druh ‚já' jsme si vytvořili, abychom pak mohli získat moc porazit temnotu a stát se člověkem ducha.

Měřítko Víry

Jaký nebeský příbytek, koruna a odměna jsou pro vás připraveny v nebi? Tato kniha vám poskytne moudrost a vedení, abyste dokázali změřit svou víru, co nejlépe ji tříbit a dozrát v ní.

Probuď se, Izraeli!

Proč Bůh od počátku tohoto světa až do dnešního dne upírá své oči právě na Izrael? Jakou prozíravost v posledních dnech připravil pro Izrael, který stále očekává Mesiáše?

Můj Život, Má Víra I & II

Nejvoňavější duchovní vůně vytažená z života, který vykvetl z nepřekonatelné Boží lásky uprostřed temných vln, chladného jha a nejhlubšího zoufalství.

Boží Moc

Četba, která slouží jako nepostradatelný průvodce, díky němuž můžete získat opravdovou víru a zažít úžasnou Boží moc.

---

www.urimbooks.com

www.ingramcontent.com/pod-product-compliance
Lightning Source LLC
LaVergne TN
LVHW092048060526
838201LV00047B/1293